Dieses Buch ist dem alten Feenbaum bei unserem runden grünen Haus gewidmet. Das ganze Buch ist seine Idee und sein Auftrag.

The Secret Rose

Far-off, most secret and inviolate Rose,
Enfold me in my hour of hours; where those
Who sought thee in the Holy Sepulchre,
Or in the wine-vat, dwell beyond the stir
And tumult of defeated dreams; and deep
Among pale eyelids, heavy with the sleep
Men have named beauty. Thy great leaves enfold
The ancient beards, the helms of ruby and gold
Of crowned Magi; and the king whose eyes
Saw the pierced Hands and Rood of elder rise
In Druid vapour and make torches dim;
Till vain frenzy awoke and he died; and him
Who met Fand walking among flaming dew,
By a grey shore where the wind never blew,
And lost the world and Emer for a kiss;
And him who drove the Gods out of their liss,
And till a hundred morns had flowered red
Feasted, and wept the barrows of his dead;
And the proud dreaming king who flung the crown
And sorrow away, and calling bard and clown
Dwelt among wine-stained wanderers in the deep woods:
And him who sold tillage, and house and goods,
And sought through lands and islands numberless years,
Until he found, with laughter and with tears,
A woman of so shining loveliness
That men threshed corn at midnight by a tress,
A little stolen tress. I too await
The hour of thy great wind of love and hate.
When shall the stars be blown about the sky,
Like the sparks blown out of a smithy, and die?
Surely thine hour has come, thy great wind blows,
Far-off, most secret, and inviolate Rose?

William Butler Yeats

Elisabeth Noel

DIE GÄRTEN UND WÄLDER DES LICHTS

Pflanzen Geist Medizin

im Märchen

Elisabeth Noel

*Bibliografische Information der Deutschen Nationalbibliothek:
Die Deutsche Nationalbibliothek verzeichnet diese Publikation in der
Deutschen Nationalbibliografie; detaillierte bibliografische Daten sind im
Internet über http://dnb.dnb.de abrufbar.*

© *2015 Elisabeth Noel*

*Lektorat und Gestaltung: Thomas Oeschger
Fotos:* © *Thomas Kay und Elisabeth Noel
Herstellung und Verlag: BoD — Books on Demand, Norderstedt*

ISBN: 978-3-7347-8166-7

Inhalt

In der Traumzeit der Erde lebten die Menschen in Freude und Fülle. Es gab keinen Überlebenskampf, keinen Krieg, keine Krankheit, und niemand jagte oder tötete ein Tier. Jedes Kind wurde von einer besonderen Pflanze eingeweiht und verstand ihr geistiges Wesen und ihre Geheimnisse. Alles Leben war heilig. Einen Zweig von einem Baum zu reissen war ebenso tabu wie einem Menschen einen Arm abzuschneiden. Es gab keine Werkzeuge, welche die Erde oder eines ihrer Kinder (Tiere, Pflanzen, Menschen, Minerale) verletzen konnten. Feen, Elfen, Zwerge, Dryaden, Najaden, Sylphiden und Engel waren sichtbar und lebten in froher Gemeinschaft mit uns allen. Wir sahen das Licht in jedem Wesen, die Farben seiner Aura, wir waren verbunden mit den Sternen, und den Tod, so wie wir ihn heute kennen, gab es nicht. Es gab auch keinen Unterschied zwischen geistiger und materieller Realität. Wir gingen von einem Dasein in ein anderes und behielten die Erinnerung und die Weisheit von allem, was wir gelernt hatten, für immer. Es gab keinen Hass, keinen Neid, keinen Wettbewerb und keine Gewinnsucht. Nichts dergleichen. Wir teilten alles miteinander, und der Kreis der Alleinheit war unversehrt. Liebe verband alle, nicht nur einzelne von uns. Es gab keine Auserwählten, keine Götterlieblinge, denn wir selber waren numinos. Visionen gehörten zum Alltag: zum Tag des Alls. Telephatie, Teleportation und alle weiteren Gaben des höheren Selbst waren voll entwickelt und normal. Unser DNA und unsere Zellstruktur waren anders als heute, die Schwerkraft hatte nicht die gleiche Wirkung wie jetzt, die Polarität war nicht absolut. Die Schwingung unserer Atome war sehr hoch, und unser Bewusstsein war kosmisch und multidimensional. Unsere Schöpferkraft war nicht derartig begrenzt wie jetzt. Wir manifestierten, was wir brauchten und was wir uns wünschten. Unser Glück war vollkommen, denn wir dienten dem Licht.

Wie und woher kam das Phänomen des Bösen in dieses Paradies? Wir kennen sehr viele Antworten auf diese alte Frage. Von den Religionen, von den Philosophen und auch von den Märchen. Im Märchen hat aber nicht nur der Mensch eine Stimme, die ganze

Natur spricht zu uns. Das Märchen zeigt uns den Weg zurück ins Paradies und zum Baum des Lebens, der mitten darin steht. Der Weg zurück ist nur möglich durch ein umfassendes Verständnis und eine ebenso umfassende Heilung unseres Lebens.

„Die Wahrheit wird euch frei machen!" sagte Christus. Aber das, was uns im Allgemeinen beigebracht und verkündet wird, basiert fast ausschliesslich auf Ego-Lügen. Um einige dieser standardisierten Lügen aufzuführen, brauche ich nur ein paar Autoritätspersonen meiner Kindheit zu zitieren: Du bist nicht gut genug! Träume sind Schäume! Erzähl mir keine Märchen! Es gibt keine Feen! Nimm endlich Vernunft an! Das ist alles zu deinem Besten!

„One ring to find them all and in the darkness bind them" (ein Ring um alle zu finden und sie in der Dunkelheit zu fesseln), das Motto von J. R. R. Tolkiens bösartigem Charakter Sauron in „Lord of the Rings" (Herr der Ringe), ist eine ziemlich genaue Beschreibung dessen, was auf der Erde tatsächlich geschah. In Tolkiens Geschichte wird der fürchterliche Ring zwar zerstört, aber Tolkien selber war der Ansicht, dass der Ring auf unserem Planeten nur allzu sehr seine Kraft hat entfalten können. Wir haben die Gaben des Hellhörens, der Hellsicht, der tieferen Erkenntnis aller Dinge verloren. Wir leben im Dunkeln. Warum? Wer ist dieser schreckliche „Herr der Ringe"? Dafür gibt es keine befriedigende Erklärung, und auch keine, die ohne Schuldzuweisungen auskommt. Tolkiens Schöpfungsgeschichte erzählt uns von Melkor, einem der Elohim, der von Anbeginn den göttlichen Plan des Allvaters Illuvatar untergrub und schliesslich die wunderbaren Bäume von Eldamar, Laurelin und Telperion zerstörte, welche Tag und Nacht erhellten ehe Sonne und Mond erschaffen wurden. Sauron, Tolkiens „Herr der Ringe", ist ein Diener von Melkor. Für mich ist es ganz wichtig, dass wir in der gesamten Schöpfung niemandem die Schuld geben, am allerwenigsten uns selber. Natürlich sind wir für uns selber verantwortlich und müssen aus unseren Fehlern lernen, aber Schuldbewusstsein ist nur ein weiteres Mittel uns selber und andere gefangen zu halten. Auch hat der „Herr der Ringe" nicht das letzte Wort. Unsere Sehnsucht nach Wahrheit und Freiheit ist nämlich nach wie vor sehr viel stärker als alle offenen und geheimen Absichten des Egos und seiner Verbündeten uns zu kontrollieren und einzuschränken, sie ist stärker als Angst und Betrug und Verrat. Licht und Liebe und Barmherzigkeit sind nicht nur mächtiger als die mentale Finsternis, die uns umgibt, sie sind vor allem realer, ja sie sind eigentlich die einzige Realität. Sobald wir im Licht der bedingungslosen Liebe und im Feuer der Allbarmherzigkeit leben, verliert die Lüge ihre Existenz, sie wird tragisch, lächerlich, hinfällig, und hört auf zu sein.

Friedrich Schiller, der sich als Dichter der „Sturm und Drang"-Periode lebenslang für Wahrheit und Freiheit einsetzte, schrieb im Vorwort zur „Braut von Messina": „Die wahre dramatische Kunst hat es nicht bloss auf ein vorübergehendes Spiel abgesehen; es ist ihr ernst damit, den Menschen nicht bloss in einen augenblicklichen Traum von Freiheit zu versetzen, sondern ihn wirklich und in der Tat frei zu machen." Er schrieb auch: „Alle Kunst ist der Freude gewidmet, und es gibt keine höhere und keine ernsthaftere Aufgabe als andere zu beglücken."

Was Schiller über die Kunst schreibt, das betrifft auch die Märchen. Sie befreien uns nicht nur durch eine tiefere Wahrheit, sondern auch durch Freude. Sie erinnern uns daran, dass der Kern unseres Wesens nicht menschlich ist. Wir sind machtvolle, multidimensionale Wesen, die unter anderem ein zeitlich begrenztes menschliches Erlebnis haben.

Pflanzen und Naturwesen helfen uns dabei unser wahres Selbst zu entdecken. Ich lebe mit meinem Partner an der Westküste Irlands. Unsere Wiesen, unser Gewächshaus, unser Wäldchen und unser grosser, wilder Garten sind reich gesegnet mit Blumen aller Arten. Ginster, Heidekraut, Fingerhut, Rhododendron, Fuchsien und Mombretien wachsen und blühen von selbst und im Überfluss. Rosen und Lilien habe ich aufgezogen und gehegt seit ich vor dreissig Jahren an der irischen Küste landete. Die ersten Lilienknollen brachte ich mit mir und die ersten beiden Rosenstöcke pflanzte ich zu Ehren des wunderschönen Grimm-Märchens „Schneeweisschen und Rosenrot", in dem die Mutter Erde sich wünscht, dass alle ihre verschiedenen Kinder alles miteinander teilen. Unsere Zwerglein und Feen-Verbündeten lieben die Blumen so innig wie ich selber, und sie geben mir ab und zu „durch die

Blume" ein Zeichen ihrer Zuneigung. Einmal zeigte sich in einer Sonnenblume ein goldenes Herz, und eine rosarote Hortensie wuchs sogar in der Form eines Herzens.

Als Lichtarbeiterin ist es mir ein tägliches Anliegen die heilige Geometrie der Gärten und Wälder des Lichts auf der Erde zu verankern.

Da ich ein Knabe war...

Oh – all ihr treuen, freundlichen Götter!

Dass ihr wüsstet, wie euch meine Seele geliebt!

Zwar damals ruft' ich noch nicht

Euch mit Namen, auch ihr

Nanntet mich nie, wie die Menschen sich nennen,

Als kennten sie sich.

Doch kannt' ich euch besser,

Als ich je die Menschen gekannt,

Ich verstand die Stille des Äthers,

Der Menschen Worte verstand ich nie.

Mich erzog der Wohllaut des säuselnden Hains

Und lieben lernt ich unter den Blumen.

Im Arme der Götter wuchs ich gross...

Friedrich Hölderlin

Von dem Wacholderbaum

Märchen der Brüder Grimm

Es ist nun schon lange her - wohl zweitausend Jahre - da war einmal ein reicher Mann, der hatte eine schöne, fromme Frau, und sie hatten sich beide recht lieb; aber sie hatten keine Kinder, sie wünschten sich aber sehr welche, und die Frau betete Tag und Nacht darum, aber sie kriegten keine und kriegten keine. Vor ihrem Haus war ein Hof, auf dem stand ein Wacholderbaum; darunter stand eines Tages im Winter die Frau und schälte sich einen Apfel. Da schnitt sie sich in den Finger, und das Blut tropfte in den Schnee. „Ach", sagte die Frau und seufzte so recht dabei auf, sah das Blut im Schnee und war tief wehmütig, „hätte ich doch ein Kind, so rot wie Blut und so weiss wie Schnee." Und als sie das sagte, da wurde ihr wieder fröhlich zumute, denn ihr war, als sollte das wahr werden. Da ging sie wieder ins Haus, und als ein Monat vorbei war, da war der Schnee geschmolzen, und zwei Monate, da war es grün, und drei Monate, da kamen die Blumen aus der Erde, und vier Monate, da drängten sich alle Bäume im Wald, und die grünen Zweige waren alle ineinander gewachsen. Dort sangen die Vöglein, dass der ganze Wald erschallte, und die Blüten fielen von den Bäumen. Da war der fünfte Monat vorbei, und die Frau stand wieder unter dem Wacholderbaum, und der duftete so schön. Da hüpfte ihr das Herz vor Freude, und sie fiel auf die Knie und wusste sich gar nicht zu fassen. Und als der nächste Monat vorbei war, da wurden die Früchte dick und gross, und sie wurde ganz still, und im siebten Monat, da griff sie nach den Beeren und ass sich richtig satt; da wurde sie traurig und krank. Der achte Monat ging hin, und sie rief ihren Mann und weinte und sagte: „Wenn ich sterbe, dann begrabt mich unter dem Wacholderbaum." Da war sie ganz getröst und freute sich, bis der neunte Monat vorbei war; da kriegte sie ein Kind, so weiss wie Schnee und so rot wie Blut, und als sie das sah, da freute sie sich so, das sie starb.

Da begrub ihr Mann sie unter dem Wacholderbaum, und er fing an sehr zu weinen. Nach einiger Zeit liess er nach, und nachdem er noch ein wenig geweint hatte, wurde er wieder heiterer, und noch einige Zeit, da nahm er sich wieder eine Frau. Mit der zweiten Frau kriegte er eine Tochter, das Kind aber von der ersten Frau war ein kleiner Junge, der war so rot wie Blut und so weiss wie Schnee. Wenn die Frau ihre Tochter ansah, hatte sie sie sehr lieb, aber wenn sie dann den kleinen Jungen ansah, dann ging es ihr immer durchs Herz, und es kam ihr vor, als stünde er ihr überall im Weg, und sie dachte dann immer, wie sie ihrer Tochter all das Vermögen zuwenden wollte. Das aber hatte ihr der Böse eingegeben. Sie wurde nun dem kleinen Jungen ganz gram, stiess ihn herum von einer Ecke in die andere, puffte ihn hier und knuffte ihn dort, sodass das arme Kind immer in Angst war. Wenn es aus der Schule kam, hatte es keine ruhige Minute mehr.

Einmal war die Frau auf die Kammer gegangen, da kam das kleine Töchterchen auch herauf und sagte: „Mutter, gib mir einen Apfel." – „Ja, mein Kind", sagte die Mutter und gab ihr einen schönen Apfel aus der Kiste; die Kiste aber hatte einen grossen, schweren Deckel mit einem grossen, scharfen, eisernen Schloss. „Mutter", sagte das Töchterchen, „soll mein Brüderchen nicht auch einen haben?" Das verdross die Frau, doch liess sie es sich nicht anmerken und sagte: „Ja, wenn er aus der Schule kommt." Und als sie ihn durch das Fenster kommen sah, da war ihr doch gerade so, als wenn der Böse über sie käme. Schnell nahm sie ihrer Tochter den Apfel wieder weg und sagte: „Du sollst nicht eher einen haben als dein Bruder." Darauf warf sie den Apfel in die Kiste und machte sie zu. Als nun der kleine Junge in die Tür trat, sagte sie ganz freundlich zu ihm: „Mein Sohn, willst du einen Apfel haben?" Sie sah ihn dabei ganz böse an. „Mutter", sagte der kleine Junge, „was siehst du mich so grausig an? Ja, gib mir einen Apfel." – „Komm mit mir", sagte sie und machte den Deckel auf. „Hol dir einen Apfel heraus." Und als sich der kleine Junge hineinbückte, hörte sie auf den Rat des Bösen. Bratsch! schlug sie den Deckel zu, dass der Kopf des kleinen Jungen abflog und zwischen die roten Äpfel fiel. Da überlief es sie, und sie dachte in grosser Angst: „Wie kann ich die Folgen dieser bösen Tat wohl von mir abwenden?" Da ging sie hinunter in die Stube und holte aus der untersten Schublade der Kommode ein weisses Tuch. Nun setzte sie den Kopf auf den Leib und band das Halstuch so um, dass man nichts sehen konnte, dann setzte sie ihn vor die Tür auf einen Stuhl und gab ihm den Apfel in die Hand.

Bald darauf kam Marlenchen zu ihrer Mutter in die Küche; die stand beim Feuer und rührte andauernd in einem Topf Wasser. „Mutter", sagte Marlenchen, „meine Bruder sitzt vor der Tür und sieht ganz weiss aus; er hat einen Apfel in der Hand. Ich habe ihn gebeten, er soll mir den Apfel geben, aber er antwortet nicht, und da wurde mir ganz unheimlich." – „Geh noch einmal hin", sagte die Mutter, „und wenn er wieder nicht antworten will, gib ihm eins hinter die Ohren." Da ging Marlenchen hin und sagte: „Bruder, gib mir den Apfel." Aber er schwieg. Da gab sie ihm eine Ohrfeige, und da fiel sein Kopf herunter. Darüber erschrak sie sehr und fing an heftig zu weinen. Sie lief zur Mutter und sagte: „Ach Mutter, ich hab meinem Bruder den Kopf abgeschlagen", und weinte und weinte und wollte sich nicht wieder beruhigen. „Marlenchen", sprach die Mutter, „was hast du getan! Aber sei nur still, dass es kein Mensch merkt, das ist nun doch nicht mehr zu ändern. Wir wollen ihn in Essig kochen." Da nahm die Mutter den kleinen Jungen, hackte ihn in Stücke, tat die in den Topf und kochte ihn in Essig. Marlenchen aber stand dabei und weinte und weinte, und die Tränen fielen in den Topf, sodass sie gar kein Salz brauchten.

Da kam der Vater nach Hause, setzte sich zu Tisch und sagte: „Wo ist denn mein Sohn?" Da trug die Mutter eine grosse, grosse Schüssel auf mit Schwarzsauer, und Marlenchen weinte und konnte sich gar nicht einkriegen. Da fragte der Vater wieder: „Wo ist denn mein Sohn?" – „Ach", sagte die Mutter, „er ist über Land gegangen zum Grossonkel, er will dort eine Zeitlang bleiben." – „Was tut er denn dort? Er hat nicht einmal Ade zu mir gesagt." – „Er wollte gern hin und frage mich, ob er wohl sechs Wochen bleiben könnte. Er ist ja dort gut aufgehoben." – „Ach", sagte der Mann, „ich bin recht traurig, und es ist doch nicht richtig, er hätte mir doch Ade sagen sollen." Damit fing er an zu essen und sagte: „Marlenchen, was weinst du? Dein Bruder wird schon wiederkommen. Ach Frau", sagte er dann, „was schmeckt mir das Essen gut, gib mir mehr!" Und je mehr er ass, desto mehr wollte er haben, und die Knochen warf er alle unter den Tisch. Marlenchen aber ging hin zu ihrer Komode und nahm aus der untersten Schublade ihr bestes seidenes Tuch, holte all die Knochen unter dem Tisch hervor, band sie in das seidene Tuch und trug sie vor die Tür und weinte blutige Tränen. Dort legte sie sie unter den Wacholderbaum in das grüne Gras, und als sie sie dort hingelegt hatte, da war ihr mit einem Mal richtig leicht, und sie weinte nicht mehr. Da fing der Wacholderbaum an sich zu bewegen, und die Zweige taten sich immer auseinander und dann wieder zusammen. Dann ging durch den Baum ein Nebel, und durch den Nebel brannte es wie Feuer, und aus dem Feuer flog ein schöner Vogel heraus, der sang so herrlich und flog hoch in die Luft, und als er weg war, da war der Wacholderbaum wie er vorher gewesen war, aber das Tuch mit den Knochen war weg. Marlenchen aber war recht heiter und glücklich, so als ob der Bruder noch lebte. Da ging sie wieder ganz lustig ins Haus, setzte sich zu Tisch und ass.

Der Vogel aber flog weg, setzte sich auf das Haus eines Goldschmieds und fing an zu singen:

> „Meine Mutter, die mich g'schlacht,
>
> mein Vater, der mich ass,
>
> meine Schwester, das Marlenichen,
>
> sucht alle meine Beenichen,
>
> bind't sie in ein seidnes Tuch,
>
> legt's unter den Wacholderbaum :
>
> Kiwitt, kiwitt,
>
> was für ein schöner Vogel bin ich."

Der Goldschmied sass in seiner Werkstatt und machte gerade eine goldene Kette, da hörte er den Vogel, der auf seinem Dach sass und sang, und das gefiel ihm sehr gut. Da stand er auf, und als er über den Flur ging, da verlor er einen Pantoffel. Er ging aber mitten auf die Strasse und hatte nur einen Pantoffel an. Er hatte sein Schurzfell vor und in der einen Hand die goldene Kette und in der anderen Hand die Zange. Die Sonne schien so hell auf die Strasse. Da stellte er sich so, dass er den Vogel gut sehen konnte. „Vogel", sagte er, „wie schön du singen kannst! Sing mir das Lied doch noch mal." – „Nein", sagte der Vogel, „zweimal sing ich nicht umsonst. Gib mir die goldene Kette, dann will ich es noch mal singen." – „Da", sagte der Goldschmied, „hast du die goldene Kette, nun sing es mir noch mal." Da kam der Vogel, nahm die goldene Kette ins rechte Füsschen, setzte sich vor den Goldschmied hin und sang:

„Meine Mutter, die mich g'schlacht,

mein Vater, der mich ass,

meine Schwester, das Marlenichen,

sucht alle meine Beenichen,

bind't sie in ein seidnes Tuch,

legt's unter den Wacholderbaum :

Kiwitt, kiwitt,

was für ein schöner Vogel bin ich."

Da flog der Vogel weg und setzte sich auf das Dach eines Schusters und sang dasselbe Lied. Der Schuster hörte das, lief in Hemdsärmeln vor seine Tür, sah nach seinem Dach und musste die Hand vor die Augen halten, damit ihn die Sonne nicht blendete. „Vogel", sagte er, „was kannst du schön singen!" Da rief er in seine Tür hinein: „Frau, komm mal heraus, da ist ein Vogel, der kann richtig schön singen." Dann rief er auch seine Kinder, seine Gesellen, den Lehrjungen und die Magd, und sie kamen alle auf die Strasse und sahen wie schön der Vogel war. Er hatte rote und grüne Federn, und um den Hals war es wie lauter Gold, und seine Augen funkelten wie Sterne. „Vogel", sagte der Schuster, „sing mir das Lied noch mal." – „Nein", sagte der Vogel, „zweimal sing ich nicht umsonst, du musst mir was schenken." – „Frau", sagte der Mann, „geh in den Laden, auf dem obersten Bord, da steht ein Paar rote Schuhe, die bring heraus." Da ging die Frau und holte die Schuhe. „Du Vogel", sagte der Mann, „nun sing mir das Lied noch mal." Da kam der Vogel, nahm die Schuhe in das linke Füsschen, flog wieder aufs Dach und sang wie zuvor.

Danach flog er weit weg zu einer Mühle, die ging klipp klapp, klipp klapp, klipp klapp. In der Mühle sassen zwanzig Mahlburschen, die behauten einen

Stein und hackten hick hack, hick hack, hick hack. Da setzte sich der Vogel auf einen Lindenbaum, der vor der Mühle stand und sang:

„Meine Mutter, die mich g'schlacht ..."

da hörte einer auf,

„... mein Vater, der mich ass ..."

da hörten noch zwei auf und hörten zu,

„... meine Schwester, das Marlenichen ..."

da hörten wieder vier auf,

„... sucht alle meine Beenichen ..."

nun hackten nur noch dreizehn,

„... bind't sie in ein seidnes Tuch ..."

jetzt nur noch sieben,

„... legt's unter ..."

jetzt nur noch fünf,

„... den Wacholderbaum ..."

nur noch einer,

„... Kiwitt, Kiwitt,

was für ein schöner Vogel bin ich."

Da hielt der letzte auch inne und hatte das Letzte noch gehört. „Vogel", sagte er, „was singst du schön! Lass mich das auch hören, sing das noch mal." – „Nein", sagte der Vogel, „zweimal sing ich nicht umsonst. Gib mir den Mühlstein, dann will ich es noch mal singen." – „Ja", sagte er, „wenn er mir allein gehörte, dann solltest du ihn haben." Da sagten die andern:

„Wenn er noch mal singt, soll er ihn haben." Da kam der Vogel herunter, und alle zwanzig Gesellen fassten an und huben mit Hebebäumen den Stein auf. Da steckte der Vogel den Hals durch das Loch und nahm ihn um, als ob es ein Kragen wäre, flog wieder auf den Baum und sang sein Lied.

Dann tat er die Flügel auseinander und flog zum Haus seines Vaters. In der Stube sassen der Vater, die Mutter und Marlenchen bei Tisch, und der Vater sagte: „Ach, wie wird mir so leicht und wohl zumute." – „Ach nein", sagte die Mutter, „ich habe Angst, als wenn ein schweres Gewitter käme." Marlenchen aber sass und weinte und weinte, da kam der Vogel geflogen, und als er sich auf das Dach setzte, sagte der Vater: „Ach, mir ist so recht freudig ums Herz, und die Sonne scheint draussen so schön, mir ist, als sollte ich einen alten Bekannten wiedersehen." – „Ach nein", sagte die Frau, „ich habe solche Angst, die Zähne klappern mir, mir ist, als hätte ich Feuer in den Adern." Und sie riss sich das Leibchen auf. Aber Marlenchen sass in der Ecke und weinte und hatte ein Tuch vor den Augen und weinte das Tuch ganz nass. Da setzte sich der Vogel auf den Wacholderbaum und sang:

„Meine Mutter, die mich g'schalcht …",

Da hielt die Mutter sich die Ohren zu und kniff die Augen zusammen, denn sie wollte nichts sehen oder hören. Aber es brauste ihr in den Ohren wie der stärkste Sturm, und die Augen brannten und zuckten ihr wie Blitze.

„mein Vater, der mich ass …",

„Ach Mutter", sagte der Mann, „das ist ein schöner Vogel, der singt so herrlich, die Sonne scheint so warm, und das riecht wie lauter Maiblumen."

„meine Schwester, das Marlenichen …"

Da legte Marlenchen den Kopf auf die Knie und weinte immerfort, der Mann aber sagte : „Ich gehe hinaus, ich muss den Vogel aus der Nähe sehen." – „Ach geh nicht", sagte die Frau, „mir ist, als bebte das ganze Haus und stände in Flammen." Aber der Mann ging hinaus und sah sich den Vogel an.

„… sucht alle meine Beenichen,

bind't sie in ein seidnes Tuch,

legt's unter den Wacholderbaum :

Kiwitt, kiwitt,

was für ein schöner Vogel bin ich."

Damit liess der Vogel die goldene Kette fallen, und sie fiel dem Mann genau um den Hals, gerade so, dass sie ihm richtig schön passte. Da ging er hinein und sagte: „Sieh, was ist das für ein guter Vogel; er hat mir diese schöne Kette geschenkt, und er sieht so prächtig aus." Die Frau aber bekam solche Angst, dass sie lang in der Stube niederstürzte, wobei ihr die Mütze vom Kopf fiel. Da sang der Vogel wieder:

„Meine Mutter, die mich g'schlacht …",

Die Frau rief: „Ach, dass ich tausend Klafter unter der Erde wäre, damit ich das nicht hören müsste!"

„mein Vater, der mich ass …"

da fiel die Frau wie tot nieder.

„Meine Schwester, das Marlenichen …"

„Ach", sagte Marlenchen, „ich will auch hinausgehen und sehen, ob mir der Vogel etwas schenkt." Und da ging sie hinaus.

„… sucht alle meine Beenichen,

bind't sie in ein seidnes Tuch …",

Da warf er ihr die Schuhe hinunter.

„… legt's unter den Wacholderbaum :

Kiwittm kiwitt,

was für ein schöner Vogel bin ich."

Da war sie ganz vergnügt und fröhlich. Sie zog die neuen roten Schuhe an, tanzte und rief hinein: „Ich war so traurig, als ich hinausging, und nun bin ich lustig. Das ist mal ein herrlicher Vogel. Er hat mir die schönsten Schuhe geschenkt!" – „Nein", rief die Frau und sprang auf, und die Haare standen ihr zu Berge wie Feuerflammen, „mir ist, als sollte die Welt untergehen! Ich will auch hinaus, vielleicht wird es mir auch leichter." Und als sie aus der Tür kam, bratsch! warf ihr der Vogel den Mühlstein auf den Kopf, dass sie ganz zerquetscht wurde. Als der Vater und Marlenchen das hörten, gingen sie hinaus. Da sahen sie Dampf, Flammen und Feuer auf der Stelle, und als das erloschen war, da stand der kleine Bruder da, der nahm seinen Vater und Marlenchen bei der Hand. Alle drei waren nun sehr glücklich und gingen in das Haus, setzten sich zu Tisch und assen.

Die Frau steht unter dem Wacholderbaum, und plötzlich weiss sie, dass ihr grösster Wunsch in Erfüllung geht. Sie riecht seinen wunderbaren Duft und spürt die Ekstase der Heiligen, die Wonne der Erleuchtung. Später isst die Frau von den Beeren des Wacholders, und nun wird sie traurig. Wacholder ist der Baum der Visionen und Prophezeihungen. Die Frau öffnet sich zuerst für die Gegenwart ihres unbegrenzten, göttlichen Selbst, und später ahnt sie ihren frühen Tod und vielleicht auch das tragische Schicksal ihres Kindes. Aber sobald sie weiss, dass sie unter dem Wacholder begraben wird, ist sie ganz getrost und freut sich. Sie ist jetzt gewiss, dass alles ein gutes Ende nimmt. Nachdem sie ihr Kind geboren hat, das sie mit Hilfe der Wacholder-Dryade empfangen hat, und das zusammen mit den Früchten des Baumes in ihrem gesegneten Schoss wächst und gedeiht, wird sie identisch mit dem schönen, heiligen Baum. Sie wird Frau Wacholder, die im Altertum hoch verehrt wurde.

Die innige Verbindung mit einem Baum oder einer Blume kann jeder Mensch auf seine ganz besondere Art erleben. Ich selber bin mit dem Pfirischbaum sehr viel mehr verwandt als mit irgend einer menschlichen Familie. Wir beide haben dieselbe Seelenessenz und kommen von einem Planeten in *deep space*, also von einem Gebiet im Weltenraum, das erst vor kurzer Zeit vom Hubble Teleskop entdeckt wurde und vorher als leer galt. Der Planet existiert inzwischen nicht mehr. Alles, was mir davon gelblieben ist, ist die Erinnerung an eine unwahrscheinliche Farbenpracht, die alles übertrifft, was wir auf der Erde kennen, und mein geliebter Pfirsichbaum. Im alten China verleiht der Pfirsich ewiges Leben, so wie in Europa der Apfel der Göttinnen Freja und Harmonia. Der Pfirsichgarten der Feenmutter des Westens hat dort dieselbe Bedeutung wie der Apfelgarten der Fee Morgana in Avalon.

Viele Menschen, Tiere und Pflanzen sind verbunden mit anderen Planeten und Sternsystemen, aber nur wenig Menschen sind sich dessen bewusst.

Das Motiv vom Blut im Schnee ist sehr verbreitet in der Welt der Märchen. Im „Schneewittchen" wünscht sich die Königin ein Kind so weiss wie Schnee, so rot wie Blut und so schwarz wie Ebenholz, die drei Farben der dreifaltigen Göttin, der Jungfrau, der Mutter und der weisen Alten. In der irischen Mythologie wünscht sich „Deidre von den Schmerzen", die schönste und die tragischste aller Heldinnen, einen Geliebten so weiss wie Schnee, so rot wie Blut und so schwarz wie das Gefieder der Raben. Dieser Farbendreiklang kündet die Gegenwart der Göttin und verheisst die Erfüllung der Wünsche, aber auch das damit verbundene Schicksal oder Verhängnis. Aber die Frau Wacholder nimmt dieses Verhängnis nicht einfach als gegeben hin, sie hat durch den Wacholderbaum die Macht dieses zu verändern und zu heilen. Das ist der einzige Sinn, den eine tragische Prophezeihung meiner Meinung nach hat. Auf keinen Fall klein beigeben, sondern alle Kräfte der sichtbaren und der unsichtbaren Welt mobilisieren um die Tragödie entweder überhaupt zu verhindern oder aber sie aufzufangen und schliesslich zu heilen.

Viele Kulturen erkannten die grosse Kraft, die Medizin des Wacholders. Die Druiden benutzten seine ätherischen Öle und den Genuss seiner Früchte um Visionen zu haben. Für die Schamanen in Sibirien war Wacholder der Baum des Lebens. Im Lande Kanaan gehörte er zur Göttin Ashera. Wacholder schützte den Propheten Elia vor der Verfolgung der Königin Jezebel, und er schützte Maria, Josef und das Christuskind vor der Verfolgung des Herodes.

In Wales erhielt sich die Überzeugung lange Zeit, dass ein Mensch, der einen Wacholder fällt, im darauffolgenden Jahr selber sterben muss. Wacholderbäume sind Türen ins Reich der Feen und Geister. Im Himalayagebirge wachsen sie in unglaublichen Höhen, wo keine anderen Bäume überleben, und in der tibetischen Medizin werden sie als Mittel zur Vorbeugung und Heilung von Krebs gebraucht. Meine Grossmutter väterlicherseits hatte immer eine Flasche Wacholdergeist in ihrem Medizinschrank zur innerlichen und äusserlichen Anwendung. Auf der Flasche war das Bild eines Zwergleins mit einer spitzen, roten Mütze. Ich war noch sehr klein, als sie mir sagte, wie hoch sie die Heilkraft des Wacholders einschätze. Ich erinnere mich genau wie tief beeindruckt ich war von allem, was sie mir damals anvertraute. Meine Grossmutter war eine Bäuerin, und früher war es Brauch den neugeborenen Kälblein einen Absud von gekochten Wacholderbeeren zu geben.

Als wir in Griechenland reisten, entdeckten mein Partner und ich einen alten verfallenen Tempel der Hera direkt am türkisblauen Meer. Die Quelle dabei war vertrocknet, der alte Brunnen leer. Aber die Wacholderbäume umgaben nach wie vor sehr zahlreich den heiligen Ort der Göttin.

Es ist wunderschön, dass der Wacholderbaum in unserem Märchen, der im Hof allein da steht, dennoch in Verbindung mit dem ganzen magischen Wald gesehen wird. Im vierten Monat der Schwangerschaft der Frau drängen sich alle Bäume im Walde und ihre grünen Zweige berühren sich und wachsen ineinander. Die Vöglein singen, dass der ganze Wald erschallt wie eine gotische Kathedrale bei einem Orgelkonzert.

Die Frau stirbt vor lauter Freude. Es ist nicht nur der Schmerz, der die Seele veranlassen kann, den Körper zu verlassen, auch die Seligkeit kann sie dazu bringen ihre Flügel zu entfalten und frei zu sein.

Die Frau, die zur Stiefmutter des kleinen Jungen wird, hat einen ganz anderen Charakter als „Frau Wacholder." Mit ihr kommt der Gedanke der Trennung ins Spiel. Sie verstösst den kleinen Jungen, der doch ihrer Obhut bedarf. Sie will das ganze Vermögen nur für ihre Tochter. Der Böse, der sie berät und der schliesslich über sie kommt, ist ihr Spiessgeselle. Mit unseren Absichten und Gedanken senden wir guten oder bösen Geistern eine Einladung. Diese bestärken uns in der Richtung, die wir gewählt haben. Aber es ist ein gravierender Unterschied dabei. Ein Engel des Lichts will unsere Freiheit, ein böser Geist will uns unterjochen und besitzen. Und so hat die Frau zuletzt keinen eigenen Willen mehr. Zunächst quält sie den kleinen Jungen wo sie nur kann, dann tötet sie ihn, und schliesslich, das ist eigentlich fast noch schlimmer als der Kindermord, schiebt sie die ganze Verantwortung für ihre Missetat auf ihre unschuldige Tochter. Sie macht sie zur Komplizin um das Verbrechen verschweigen zu können und füttert den Vater mit dem Fleisch seines eigenen Sohnes. Die Mutterliebe versagt nun auch ihrem „eigenen" Kind gegenüber vollkommen. Aber eine echte Mutterliebe sieht alle heranwachsenden Wesen, Menschen, Tiere und Pflanzen, als Kinder, die unsere Fürsorge brauchen. Auch Christus lebte und verkündete diese Liebe als er von den Küchlein sprach, die er unter seine Flügel nehmen wollte.

Im Dienste des Bösen verlieren wir alles, was wir sind oder haben, vor allem aber unsere Freiheit. Der böse Geist ist nur interessiert an Sklaven, und auch an diesen liegt ihm nicht viel. So wird die Frau schliesslich zum Opfer ihrer eigenen schlechten Gedanken, Absichten und Taten. Eine durchwegs und andauernd negative Einstellung zum Leben, auch wenn unser Intellekt und natürlich unser Ego dieselbe bestätigen, ist sehr gefährlich. Sie sät das, was wir endlich auch ernten müssen. Wenn meine eigenen negativen Gedanken überhand nehmen, dann ist das beste Gegenmittel für mich persönlich in die unbegrenzten Gefilde meines Herzens einzukehren und mich auszubreiten wie ein leuchtender Nebel, wie der Schleier der grossen Mutter, die alles segnet und behütet. Einfach eins zu werden mit der gesamten Schöpfung: Mit den Vögeln zu singen, mit den Blumen zu blühen, mit dem Wasser zu fliessen.

Wir können sehr viel lernen von Menschen, die in den schwierigsten Situationen einen echten Humor und eine überzeugende positive Ausstrahlung bewahren können. Die Friedens-Nobelpreisträgerin Aung San Suu Kyi, die sich in Burma seit vielen Jahren für eine gewaltlose Demokratisierung einsetzt, wurde wiederholt ins

Gefängnis geschleppt und lange Jahre in ihrem eigenen Haus eingesperrt, wo sie zu Zeiten beinahe verhungerte. Um ihrem Auftrag treu zu sein, musste sie ihren Mann und auch ihre Kinder verlassen, die ohne sie aufwuchsen, verlor aber nie deren Unterstützung. Die Militärregierung Burmas schlug die Bitte ihres sterbenden Mannes ab, sie noch einmal besuchen zu dürfen. Dennoch sagt Suu Kyi, dass sie keine Opfer brachte in ihrem Leben, und dass sie sich auch in Gefangenschaft immer frei fühlte. Ihr Sinn für Humor ist in keiner Weise forciert oder gar satirisch. Er ist heiter und offen. Suu Kyi ist unentwegt tätig ihren Landsleuten zu helfen, und sie ist nach wie vor ein strahlendes Licht in einer oft schrecklichen Finsternis. Burma war ein fruchtbares Land bevor es von der Militärregierung erbarmungslos unterjocht und ausgebeutet wurde.

Für einen liebevollen Menschen sind alle Dinge möglich. Das gute Schwesterchen sammelt die Knochen, das einzige, was ihr noch bleibt von ihrem Bruder, und bindet sie sorgsam in ihr schönstes Tuch und legt sie, der Stimme ihres Herzens folgend, unter den Lebensbaum. Frau Wacholder verwandelt ihren Sohn mit der Kraft des Urfeuers in einen schönen Vogel. Dieser Vogel repräsentiert, wie der Wacholder, eine mächtige Naturkraft. Er trägt einen Mühlstein, den zwanzig Menschen nur mit Hebebäumen in die Höhe bringen, um seinen Hals wie einen einfachen Kragen und fliegt damit ohne weiteres durch die Gegend und singt so schön wie zuvor. Der Vogel ist aber auch die göttliche Gerechtigkeit. Er beschützt das Gleichgewicht der Schöpfung. Sein trauriges Lied macht seltsamerweise alle froh, mit der einzigen Ausnahme der bösen Stiefmutter. Es ist fast so, als sänge er für jeden Menschen etwas ganz Besonderes! Ja, der Zauber seines Liedes ist so gross, dass die Männer ihre Arbeitsplätze verlassen müssen und bereitwillig ihre Kostbarkeiten hergeben, nur um es noch einmal zu hören. Der Schmied hat es so eilig den wunderbaren Vogel zu sehen, dass er seinen Pantoffel verliert und mit blossem Fuss auf der Strasse steht. Der Schuster ruft seine Frau, seine Kinder, seine Gesellen und Lehrjungen und auch die Magd herbei, um mit ihnen gemeinsam das aussergewöhnliche Lied des Vogels noch einmal zu hören.

Die beiden Frauen in diesem Märchen zeigen uns, dass wir die Wahl haben entweder unser Leben auf diesem Planeten einfach abzusitzen wie in einem Wartezimmer, dessen Türe der leibliche Tod bedeutet, oder aber durch den Baum des Lebens (in diesem Falle durch den Wacholderbaum) eine grössere Wirklichkeit zu umfangen. Wenn wir das Wartezimmer wählen, dann sind wir eigentlich bereits tot. Wir sehen unser Dasein als Überlebenskampf oder als sinnloses Glücksspiel oder als einen fürchterlichen Wettbewerb, der uns zwingt so viel wie möglich zusammenzuraffen, natürlich lauter Dinge, die wir wieder verlieren müssen. Wir weigern uns einzusehen, dass wir nichts besitzen können ausser unserer Seele.

Wenn wir den Baum des Lebens wählen, verändert sich unsere äussere und innere Sichtweise. Eine Freundin von mir sagte unlängst zu mir, dass ein Junge, mit dem sie zur Schule ging und der kurz darauf in ein Kloster eintrat, die Liebe ihres Lebens war. Ich antwortete: „Die Liebe meines Lebens ist die Erde." Am Morgen darauf sass ich wie jeden Tag unter einer wunderschönen Eberesche um zu meditieren. Die Eberesche (oder der Vogelbeerbaum) ist der Baum der weissen Magie, und ich habe ihn vor ungefähr dreissig Jahren selber gepflanzt als Seele unseres Gartens. Ich sehe ihre geistige Gestalt oft als eine junge Frau mit einem Kranz aus weissen Blüten im Haar. Während der Meditation verband ich mich mit der Erde, und plötzlich spürte ich eine alles umfassende Liebe so tief und so erschütternd, dass mir beinahe das Herz brechen wollte. Es war die Liebe der Erde zu all ihren Kindern.

Jeder Baum kann zum Lebensbaum werden für einen Menschen. Für die heilige Johanna in Schillers Drama „Die Jungfrau von Orleans" ist es eine uralte Eiche in der Nähe des Dorfes, wo Johanna geboren wurde. Sie sagt, diese Eiche sei „durch vieler Wunder Segenskraft berühmt":

> Und in der Eiche Schatten sass ich gern,
> die Herde weidend, denn mich zog das Herz.
> Und ging ein Lamm mir in den wüsten Bergen
> Verloren, immer zeigte mir's der Traum,
> Wenn ich im Schatten dieser Eiche schlief.

Und einstmals, als ich eine lange Nacht
In frommer Andacht unter diesem Baum
Gesessen und dem Schlafe widerstand,
Da trat die Heilige zu mir, ein Schwert
Und Fahne tragend, aber sonst wie ich
Als Schäferin gekleidet, und sie sprach zu mir:
Ich bin's. Steh auf Johanna. Lass die Herde.
Ich rufe dich zu einem anderen Geschäft!
Nimm diese Fahne! Dieses Schwert umgürte dir!
Damit vertilge deines Volkes Feinde
Und führe deines Herren Sohn nach Reims
Und krön' ihn mit der königlichen Krone!"

Hier erscheint Maria, die Mutter Christi, unter der uralten Eiche, welche für die Druiden ein heiliger Baum war. Die Traumzeit der Erde ist nicht nur ein goldener Traum. Wir können sie auch in der Gegenwart visualisieren. Wenn wir das uralte Märchen vom Wacholderbaum einmal anders betrachten und zwischen den Geschehnissen viele, viele Jahre vergehen lassen, dann können wir in der ersten Mutter den hoffnungsvollen Beginn des Matriarchats sehen, als die Göttin in jeder Frau lebte und auch die Erde selber als göttlich verehrt wurde, und in der zweiten Mutter das schreckliche Ende desselben. Bereits auf dem Höhepunkt des Matriarchats galten die Söhne und die Männer ganz allgemein nichts, nur die fruchtbaren Frauen waren anerkannte Mitglieder der Gesellschaft. Damals begann auch der Machtmissbrauch, und er nahm schliesslich mancherorts ganz schreckliche Formen an. Das Schlachten eines kleinen Jungen zum Zweck eines schwarzmagischen Rituals war leider nicht das Schlimmste, was den entarteten Matriarchinnen einfiel.

Aber was die von einem bösen Geist besessene Matriarchin ausser Acht lässt, ist die Schwester des kleinen Jungen, die blutige Tränen weint über seinen gewaltsamen Tod. In unzähligen Märchen ist es die treue Schwester, welche zum Schluss die Erlösung herbeiführt, eine Frau also, die keine Machtansprüche hat und mit allem Lebendigen liebevoll verschwistert ist. Und so wird der schöne Vogel in unserem Märchen aus Licht geboren und bringt das Licht mit sich, und seine Augen leuchten wie Sterne. Der Schuster muss sich die Hand vor die Augen halten, dass er nicht geblendet wird. In diesem Licht wird die Bosheit der Stiefmutter endlich offenbar, und ihr schlechtes Gewissen quält sie in jeder nur erdenklichen Art und Weise, ja sie wird von der übergrossen Last ihrer bösen Tat schliesslich, wie von einem Mühlstein, zerschmettert.

Man kann sich fragen warum der Vater zuvor nicht gemerkt hat, wie sehr seine zweite Frau ihr Stiefkind hasst und verfolgt. Einerseits herrscht hier ein deutlicher Mangel an Einfühlungsvermögen und Achtsamkeit des Herzens. Andrerseits ist ein Mensch mit bösen Absichten natürlich eher geneigt anderen zu misstrauen als einer, der für alle Lebewesen das Beste will. Ein guter Mensch sieht im Allgemeinen seine Güte auch in anderen, er sieht den göttlichen Kern. Es ist für Lichtarbeiter oft schwierig den Schatten zu erkennen. Glücklicherweise erhalten wir in der Lichtarbeit die Gabe der barmherzigen Neutralität. Wir verurteilen niemanden. Aber wir sollen und müssen die Falschheit in unserem Leben erkennen und entlarven. In unserem Märchen ist es furchtbar, dass ein kleiner Junge verfolgt, gequält und schliesslich ermordet wird ohne dass sein Vater, der doch im selben Hause mit ihm wohnt, die geringste Ahnung hat davon. Und es ist absolut fatal, dass ein kleines Mädchen die schwere Schuld seiner Mutter auf sich laden muss. Diese Last könnte ohne Zweifel sein ganzes Leben zerstören. Hilfe tut not.

Die Hilfe kommt hier durch den Wacholderbaum und durch den Vogel, der auch ein Symbol ist für die Auferstehung und das ewige Leben. Aus Dampf, Flammen und Feuer wird das Kind der Wacholderfrau zu neuem Leben erweckt. Es nimmt seine Schwester und seinen Vater bei der Hand, und alle sind glücklich. Die böse Stiefmutter ist nicht mehr da. Niemand trauert um sie, nicht einmal ihre eigene Tochter. Das ist das Schicksal des Schattens. Wenn das Licht hell genug ist, dann verschwindet er, als hätte es ihn nie gegeben. Damit meine ich keineswegs, dass ein böser Mensch sich selber wirklich vollkommen auslöschen kann. C. S. Lewis vertritt zwar in seinem Buch über Himmel und Hölle „The Great Divorce" diese Ansicht, aber das würde heissen, dass es für das Problem der Trennung, das in unserem Märchen zusammen mit der Stiefmutter seinen Auftritt hat, keine Lösung gibt. Das kann nicht sein. Es gibt immer eine Lösung.

Die All-Einheit ist die Grundlage der Schöpfung. Alles andere ist Illusion. Jedes Wesen im Universum hat eine Seele, ein inneres Licht, das von niemandem und nichts ausgelöscht werden kann. Dieses Seelenlicht mag sehr verschüttet sein, umgeben von Dunkelheit, aber es ist da. Sobald dieses göttliche Licht befreit und gestärkt wird, fällt alles andere weg. Das Böse in und um uns hat keine wahre Realität. Das ist in der Falle einer auf Polarität limitierten Weltsicht, in der die meisten Menschen sitzen, sehr schwer oder auch unmöglich zu begreifen. Was im Märchen vom Wacholderbaum aber sehr klar zu Tage tritt, ist die unumstössliche Tatsache, dass auch das Böse letztendlich dem Licht dient. Der kleine Junge manifestiert auf Grund seiner brutalen Ermordung seine Lichtgestalt, ein Wesen mit unbeschränkter Macht und Schönheit. Weil ihr Kind umgebracht wird, kann Frau Wacholder ihre Gaben voll entfalten. Das heisst natürlich in keiner Weise, dass wir das Böse brauchen, um voran zu kommen! Es heisst nur, dass es uns in letzter Konsequenz nichts anhaben kann. Weder dem Täter noch dem Opfer. Aber es ist allerhöchste Zeit, dass wir unseren Hang zum grossen Drama und zur Opferhaltung überwinden bevor unser Planet in seiner zeitlichen Form ganz zerstört wird. Das will uns das glückliche Ende fast jeden Märchens nahebringen. Es zeigt uns den Weg zurück in ein volles Bewusstsein der All-Einheit. Den Weg in eine transzendente Vergebung, die wirklich und wahrhaftig alles heilt und alles wieder gut macht. Wir nehmen einander wie Marlenchen und ihr Bruder bei den Händen, gehen nach Hause und feiern das erste, das letzte und das ewige Abendmahl.

Fliedermütterchen

von Hans Christian Andersen

Es war ein kleiner Knabe, der war erkältet. Er war ausgegangen und hatte nasse Füße bekommen. Niemand konnte begreifen wie, denn es war ganz trockenes Wetter. Nun entkleidete ihn seine Mutter, brachte ihn zu Bett und ließ die Teemaschine hereinbringen, um ihm eine gute Tasse Fliedertee zu bereiten, denn der erwärmt! Zur gleichen Zeit kam auch der alte freundliche Mann zur Türe herein, der ganz oben im Hause wohnte und ganz alleine lebte, denn er hatte weder Frau noch Kinder, hielt aber viel auf alle Kinder und wußte so viele Märchen und Geschichten zu erzählen, daß es eine Lust war. „Nun trinkst du deinen Tee!" sagte die Mutter, „vielleicht bekommst du dann auch ein Märchen zu hören." – „Ja, wenn man nur eines wüßte!", sagte der alte Mann und nickte freundlich. „Wo hat aber der Kleine die nassen Füße bekommen?", fragte er. "Ja, wie das geschehen ist", sagte die Mutter, „das kann niemand begreifen." – „Bekomme ich ein Märchen zu hören?", fragte der Knabe. "Ja, kannst du mir einigermaßen genau sagen - denn das muß ich zuerst wissen - wie tief der Rinnstein in der kleinen Gasse ist, wo du in die Schule gehst?" – "Gerade bis mitten auf die Stiefelschäfte", sagte der Knabe, „aber dann muß ich in das tiefe Loch gehen!" – „Sieh, davon haben wir die nassen Füße", sagte der Alte. „Nun sollte ich eigentlich ein Märchen erzählen, aber ich weiß keins mehr!" – „Sie können gleich eins machen", sagte der kleine Knabe: „Mutter sagt, daß alles, was Sie betrachten, zu einem Märchen werden kann, und aus allem, was Sie berühren, können Sie eine Geschichte machen!" – „Ja, aber die Märchen und Geschichten taugen nichts! Nein, die ordentlichen, die kommen von selbst, die klopfen mir an die Stirn und sagen: Hier bin ich!" – „Klopft es nicht bald?", fragte der kleine Knabe; und die Mutter lachte, tat Fliedertee in die Kanne und goß kochendes Wasser darüber. "Erzähle! Erzähle!" – „Ja, wenn ein Märchen von selbst kommen möchte; aber so eins ist vornehm; es kommt nur, wenn es Lust hat." – „Warte!" sagte er auf einmal. „Da haben wir es! Gib acht, nun ist eins in der Teekanne!" Und der kleine Knabe sah zur Teekanne hin, der Deckel hob sich mehr und mehr und die Fliederblüten kamen frisch und weiß daraus hervor. Sie schossen zu großen, langen

Zweigen empor, selbst aus der Schnauze verbreiteten sie sich nach allen Seiten und wurden größer und größer. Es war der herrlichste Fliederbusch, ein großer Baum. Er ragte in das Bett hinein und schob die Vorhänge zur Seite; nein, wie das blühte und duftete! Und mitten im Baum saß eine alte, freundliche Frau mit einem sonderbaren Kleid; es war ganz grün, so wie die Blätter des Fliederbaumes, und mit großen weißen Fliederblüten besetzt. Man konnte nicht gleich erkennen, ob es Stoff oder lebendiges Grün und Blumen waren. „Wie heißt die Frau?", fragte der kleine Knabe. „Ja, die Römer und die Griechen", sagte der alte Mann, „die nannten sie eine Dryade, aber das verstehen wir nicht. Draußen in der Vorstadt der Matrosen haben wir einen besseren Namen für sie: dort wird sie Fliedermütterchen genannt, und sie ist es, auf die du acht geben mußt. Horch nur und betrachte den herrlichen Fliederbaum. Gerade ein solcher großer, blühender Baum steht da draußen. Er wuchs dort in einem Winkel eines kleinen ärmlichen Hofes. Unter diesem Baum saßen eines Nachmittags im schönsten Sonnenschein zwei alte Leute. Es waren ein alter, alter Seemann und seine alte, alte Frau. Sie waren Urgroßeltern und glaubten bald ihre goldene Hochzeit zu feiern, aber sie konnten sich des Datums nicht recht entsinnen; und die Fliedermutter saß im Baum und sah so vergnügt aus, gerade wie hier. 'Ich weiß wohl, wann die goldene Hochzeit ist!', sagte sie; aber sie hörten es nicht, sie sprachen von alten Zeiten.

'Ja, entsinnst du dich', sagte der alte Seemann; 'damals, als wir noch ganz klein waren und herumliefen und spielten. Es war gerade in demselben Hof, in dem wir nun sitzen. Wir pflanzten kleine Zweige in den Hof und machten einen Garten.' - 'Ja', sagte die alte Frau, 'daran erinnere ich mich recht gut. Wir begossen die Zweige, und einer davon war ein Fliederzweig, der schlug Wurzeln, schoß grüne Zweige und ist ein großer Baum geworden, unter dem wir alten Leute jetzt sitzen.' - 'Ja, sicher!' sagte er; 'und dort in der Ecke stand ein Wasserkübel, darin schwamm mein Fahrzeug; ich hatte es selbst ausgehöhlt. Wie das segeln konnte; aber ich kam freilich bald anderswohin zum Segeln.' - 'Ja, aber zuerst gingen wir in die Schule und lernten etwas', sagte sie; und dann wurden wir eingesegnet. Wir weinten beide; aber des Nachmittags gingen wir Hand in Hand auf den runden Turm und sahen in die Welt hinaus über Kopenhagen und das Wasser. Dann gingen wir nach Frederiksborg, wo der König und die Königin in ihrem prächtigen Boot auf den Kanälen herumfuhren.'

'Ich aber mußte anderswo umherfahren, und das viele Jahre, weit weg, auf den langen Reisen!' – 'Ja, ich weinte oft deinetwegen', sagte sie; 'ich glaubte, du seiest tot und fort und lägest dort unten im tiefen Wasser, von den Wellen geschaukelt. Manche Nacht stand ich auf und sah, ob die Wetterfahne sich drehte. Ja, sie drehte sich wohl, aber du kamst nicht! Ich erinnere mich ganz deutlich, wie es eines Tages vom Himmel strömte; der Karrenschieber, der den Kehricht holte, kam dorthin, wo ich diente. Ich ging mit dem Kehrichtfaß hinunter und blieb in der Türe stehen; was war das für ein abscheuliches Wetter! Und gerade als ich dastand, kam der Briefträger und gab mir einen Brief: der war von dir! Ja, wie der herumgereist war! Ich riß ihn auf und las; ich lachte und weinte, ich war so froh! Darin stand, daß du in den warmen Ländern wärst, wo die Kaffeebohnen wachsen. Was muß das für ein herrliches Land sein! Du erzähltest so viel, und ich las das alles, während der Regen niederströmte und ich mit dem Kehrichtfaß dastand. Da kam einer und faßte mich um den Leib...' – 'Ja, aber du gabst ihm einen tüchtigen Schlag auf die Backe, daß es klatschte.' – 'Ich wußte ja nicht, daß du es warst; du warst ebenso geschwind wie dein Brief gekommen, und du warst so schön. Das bist du ja noch. Du hattest ein langes, gelbes, seidenes Tuch in der Tasche und einen glänzenden Hut auf. Du warst so fein! Gott, was das doch für ein Wetter war, und wie die Straße aussah!' – 'Dann heirateten wir,' sagte er, 'entsinnst du dich? Und dann, als wir den ersten kleinen Knaben und dann Marie und Niels und Peter und Hans Christian bekamen?' – 'Ja, und wie alle herangewachsen und ordentliche Menschen geworden sind, die ein jeder leiden mag!' – 'Und ihre Kinder haben wieder Kinder bekommen', sagte der alte Matrose. 'Ja, das sind Kindeskinder! Da ist ein guter Kern darin. Es war, wenn ich nicht irre, in dieser Zeit des Jahres, als wir Hochzeitstag hielten.' – 'Ja, eben heute ist der goldene Hochzeitstag', sagte die Fliedermutter und streckte den Kopf gerade zwischen die beiden Alten hinunter, und die glaubten es sei die Nachbarin, die da nickte. Sie sahen einander an und faßten sich bei den Händen. Bald darauf kamen die Kinder und Kindeskinder, die wußten wohl, daß heut der goldene

Hochzeitstag war. Sie hatten schon am Morgen gratuliert, aber die Alten hatten es wieder vergessen, während sie sich so gut an all das erinnerten, war vor vielen Jahren schon geschehen war. Und der Fliederbaum duftete so stark, und die Sonne, die im Untergehen begriffen war, schien den Alten gerade ins Gesicht. Sie sahen beide so rotwangig aus. Und das kleinste der Kindeskinder tanzte um sie herum und rief ganz glücklich, daß es diesen Abend prächtig zugehen werde, denn sie sollten warme Kartoffeln bekommen. Und die Fliedermutter nickte im Baum und rief mit allen anderen: 'Hurra!'"

„Aber das war ja kein Märchen!", sagte der kleine Knabe, der es erzählen hörte. „Ja, das mußt du verstehen!", sagte der Alte, der erzählte, „aber laß uns Fliedermütterchen danach fragen!" - „Das war kein Märchen", sagte die Fliedermutter; „aber nun kommt es! Aus der Wirklichkeit wächst gerade das sonderbarste Märchen heraus, sonst könnte ja mein schöner Fliederbusch nicht der Teekanne entsprossen sein." Und dann nahm sie den kleinen Knaben aus dem Bett und legte ihn an ihre Brust, und die Fliederzweige voller Blüten schlugen um sie zusammen. Sie saßen wie in der dichtesten Laube, und diese flog mit ihnen durch die Luft. Es war unaussprechlich schön. Fliedermütterchen war auf einmal ein junges, niedliches Mädchen geworden, aber das Kleid war noch von demselben grünen, weißgeblümten Stoff, wie es Fliedermütterchen getragen hatte. Am Busen hatte sie eine wirkliche Fliederblüte und im hellen, gelockten Haar einen Kranz von Fliederblumen. Ihre Augen waren so groß, so blau; oh, sie war herrlich anzuschauen! Sie und der Knabe küßten sich, und dann waren sie im gleichen Alter und fühlten gleiche Freuden.

Sie gingen Hand in Hand aus der Laube und standen nun in einem schönem Blumengarten. Bei dem frischen Grasplatz war des Vaters Stock an einem Pflock angebunden. Für die Kleinen war Leben in dem Stock; sobald sie sich quer über ihn setzten, verwandelte sich der blanke Knopf in einen prächtig wiehernden Kopf, die lange schwarze Mähne flatterte, und vier schlanke starke Beine schossen hervor. Das Tier war stark und mutig, und im Galopp fuhren sie um den Grasplatz herum: hussa! „Nun reiten wir viele

Meilen weit fort!", sagte der Knabe, „wir reiten zu dem Rittergut, wo wir im vorigen Jahr waren!" Und sie ritten um den Rasenplatz herum, und immer rief das kleine Mädchen, das, wie wir wissen, keine andere als die Fliedermutter war: „Nun sind wir auf dem Land! Siehst du das Bauernhaus mit dem großen Backofen, der wie ein riesengroßes Ei aus der Mauer nach dem Wege heraussteht? Der Fliederbaum breitet seine Zweige über sie hin, und der Hahn geht und kratzt für die Hühner: sieh wie er sich brüstet! - Nun sind wir bei der Kirche; die liegt hoch auf dem Hügel unter den großen Eichenbäumen, wovon der eine bald abgestorben ist! Nun sind wir bei der Schmiede, wo das Feuer brennt und die halbnackten Männer mit den Hämmern schlagen, daß die Funken weit umher sprühen. Fort, fort zu dem prächtigen Rittergut!" Und alles, was das kleine Mädchen, das hinten auf dem Stock saß, sagte, das flog auch vorbei. Der Knabe sah es, doch kamen sie nur um den Grasplatz herum.

Dann spielten sie im Seitengang und ritzten in die Erde einen kleinen Garten, und sie nahm Fliederblüten aus ihrem Haar und pflanzte sie. Und die wuchsen, gerade wie bei den Alten damals, als diese noch klein waren, wie früher erzählt worden ist. Sie gingen Hand in Hand, gerade wie die alten Leute es als Kinder gemacht hatten, aber nicht auf den runden Turm hinaus oder nach dem Garten von Frederiksborg - nein, das kleine Mädchen faßte den Knaben um den Leib, und dann flogen sie weit umher im ganzen Land. Und es war Frühjahr, und es wurde Sommer, und es war Herbst, und es wurde Winter. Tausende von Bildern spiegelten sich in des Knaben Augen und Herz, und immer sang das kleine Mädchen ihm vor: „Das wirst du nie vergessen!" Und auf dem ganzen Fluge duftete der Fliederbaum so süß und herrlich. Er bemerkte wohl die Rosen und die frischen Buchen, aber der Fliederbaum duftete noch stärker, denn seine Blüten hingen an des kleinen Mädchens Herzen, und daran lehnte er oft im Fluge den Kopf.

„Hier ist es schön im Frühling!", sage das junge Mädchen; und sie stand in dem frisch ausgeschlagenen Buchenwald, wo der Waldmeister zu ihren Füssen duftete. In dem Grünen sahen die blaßroten Anemonen so lieblich aus: "Oh wäre es immer Frühling in dem duftenden dänischen Buchenwald!" –

'Hier ist es herrlich im Sommer!' sagte sie und sie fuhren an alten Schlössern aus der Ritterzeit vorbei, die sich mit ihren hohen Mauern und Giebeln in den Kanälen spiegelten, in denen die Schwäne schwammen und in die alten kühlen Alleen hineinsahen. Auf dem Felde wogte das Korn, gleich einem See; in den Gräben standen rote und gelbe Blumen und auf den Gehwegen wilder Hopfen und blühende Winden. Abends stieg der Mond rund und groß empor, und die Heuhaufen auf den Wiesen dufteten so süß. „Das vergißt sich nie!"

„Hier ist es schön im Winter!", sagte das kleine Mädchen, und alle Bäume waren mit Reif bedeckt, so daß sie wie weiße Korallen aussahen. Der Schnee knirschte unter den Füßen, als hätte man neue Stiefel an; und vom Himmel fiel eine Sternschnuppe nach der anderen. Im Zimmer wurde der Weihnachtsbaum angezündet, da gab es Geschenke und Fröhlichkeit. Auf dem Lande ertönte in der Bauernstube die Violine; es wurde um Apfelschnitze gespielt. Selbst das ärmste Kind sagte: „Es ist doch schön im Winter."

Ja, es war schön! Und das kleine Mädchen zeigte dem Knaben alles; und immer wehte die rote Flagge mit dem weißen Kreuz, die Flagge, unter welcher der alte Seemann gesegelt war. Der Knabe wurde zum Jüngling, und er sollte in die weite Welt hinaus, weit fort in die warmen Länder, wo der Kaffee wächst. Aber beim Abschied nahm das kleine Mädchen eine Fliederblüte von ihrer Brust und gab sie ihm zum Aufbewahren. Sie wurde in das Gesangbuch gelegt, und im fremden Land, wenn er das Buch öffnete, war es immer gerade an der Stelle, wo die Erinnerungsblume lag; und je mehr er dieselbe betrachtete, desto frischer wurde sie, so daß er gleichsam einen Duft von den heimischen Wäldern einatmete; und deutlich erblickte er das kleine Mädchen, wie es mit seinen klaren Augen zwischen den Blumenblättern hervorsah; und es flüsterte dann: „Hier ist es schön im Frühling, im Sommer, im Herbst und im Winter!" Und Hunderte von Bildern glitten durch seine Gedanken.

So verstrichen viele Jahre, und er war nun ein alter Mann und saß mit seiner alten Frau unter einem blühenden Fliederbaum; sie hielten einander bei den Händen, ebenso wie der Urgroßvater und die Urgroßmutter es draußen getan hatten, und sie sprachen ebenso wie diese, von den alten Zeiten und der goldenen Hochzeit. Das kleine Mädchen mit den blauen Augen und mit den Fliederblüten im Haar saß oben im Baum, nickte beiden zu und sagte: „Heute ist der goldene Hochzeitstag!" Und dann nahm sie zwei Blüten aus ihrem Kranz und küßte sie; und sie glänzten zuerst wie Silber, dann wie Gold, und als sie sie auf die Häupter der beiden Alten legte, wurde jede Blüte zu einer Goldkrone. Da saßen sie beide, einem König und einer Königin gleich, unter dem duftenden Baum, der ganz und gar wie ein Fliederbaum aussah. Und er erzählte seiner alten Frau die Geschichte von dem Fliedermütterchen, wie sie ihm erzählt worden war, als er noch ein kleiner Knabe war; und sie fanden beide so vieles darin, was ihrer eigenen Geschichte ähnlich war, und das gefiel ihnen am besten.

„Ja, so ist es!" sagte das kleine Mädchen im Baum. „Einige nennen mich Fliedermütterchen, andere Dryade, aber eigentlich heiße ich Erinnerung. Ich bin es, die im Baum sitzt, der wächst und wächst; ich kann mich zurückerinnern, ich kann erzählen! Laß sehen, ob du deine Blüte noch hast." Und der alte Mann öffnete sein Gesangbuch. Da lag die Fliederblüte so frisch, als sei sie erst kürzlich hineingelegt worden. Und die Erinnerung nickte, und die beiden Alten mit den Goldkronen auf dem Kopf saßen in der roten Abendsonne; sie schlossen die Augen und - und - ? Ja, da war das Märchen aus!

Der kleine Knabe lag in seinem Bett. Er wußte nicht, ob er geträumt oder ob er es hatte erzählen hören. Die Teekanne stand auf dem Tisch, aber es wuchs kein Fliederbaum hervor, und der alte Mann, der erzählt hatte, wollte gerade zur Tür hinausgehen, und das tat er auch. - „Wie schön war das!", sagte der kleine Knabe, „Mutter, ich bin in den warmen Ländern gewesen!" - „Ja, das glaube ich wohl!", sagte die Mutter, „wenn man zwei Tassen warmen Fliedertee getrunken hat, dann kommt man wohl zu den warmen Ländern!" Und sie deckte ihn gut zu, damit er sich nicht erkälte. „Du hast gut geschlafen, während ich mich mit ihm darüber stritt, ob es eine Geschichte oder ein Märchen sei!" - „Und wo ist die Fliedermutter?", fragte der Knabe. „Die ist in der Teekanne", sagte die Mutter, „und da mag sie bleiben."

Viele von uns kennen die Fliederfee aus dem „Dornröschen"-Ballett. Im gleichnamigen Märchen der Brüder Grimm heisst sie zwar nicht so, sie ist einfach die zwölfte der weisen Frauen, die das neugeborne Prinzesschen mit ihren Wundergaben beschenken. Aber der Name „Fliederfee" passt ausgezeichnet! Sie verwandelt den tödlichen Fluch der dreizehnten Fee in einen hundertjährigen tiefen Schlaf. So wendet sich wirklich alles zum Besten. Der Prinz, der das schlafende Dornröschen erlöst, ist das Kind einer neuen Zeit, kein junger Mann mit Ambitionen und hohen Ansprüchen. Was er sucht und findet im schlafenden Zauberwald ist die Seele der Schöpfung, die Schekina.

Der Fliederstrauch kommt aus dem Balkan und wurde erst im sechzehnten Jahrhundert in Mitteleuropa heimisch. Zunächst blühte er nur blassviolett. Durch die Züchtungen des Franzosen Victor Lemoine und des Deutschen Ludwig Spät entstanden gegen Ende des neunzehnten Jahrhunderts der weisse, der gelbe und der tiefviolette Flieder.

Flieder ist eine Heilpflanze. Er hilft bei Fieber und Malaria. Olivenöl, das mit Fliederblüten und Blättern in die Sonne gestellt wird, lindert Ischias-Schmerzen. Als Blütenessenz hilft Flieder bei Krankheiten, die mit der Wirbelsäule zu tun haben. Aber der grösste Zauber dieser wundervollen Pflanze ist ohne Zweifel ihr berauschender Duft! Es ist der Duft des Frühlings, der ewigen Erneuerung, aber auch der verheissungsvolle Duft einer anderen Welt. Dieser Duft strömt auch aus der Kanne mit dem Fliederblütentee, er wird zu einem Baum, zu einer Dryade und schliesslich zu einem Märchen.

Unsere ersten heiligen Orte lagen in Wäldern, was die griechischen Tempel und die gotischen Kathedralen noch heute bezeugen können, denn ihre hohen Säulen sind nichts anderes als steinerne Imitationen von Baumstämmen. Die ersten grossen Zauberer hatten ihre Macht und ihre Weisheit von den Bäumen, ja das Herz allen Zaubers ist und bleibt der Wald, der einmal so unermesslich war wie das Meer. Der Wald gebar die ersten Märchen und Mythen und alle unsere Bücher sind sprechende Blätter, und wir verdanken sie zuerst und zuletzt den Bäumen.

Im Märchen von Hans Christian Andersen wird die Fliederfee die kindliche Spielgefährtin und schliesslich die Freundin und die Gemahlin des kleinen Jungen. Sie transzendiert die Zeit. Die Vergangenheit und die Zukunft sind hier und jetzt. Sie fliegt mit ihrem Bräutigam in Länder, die damals nur mit Schiffen erreichbar waren. Die schneeweissen Blütendolden bedecken die Brust des Fliedermädchens, der Junge lehnt seinen Kopf an ihr Herz und der zauberhafte Duft begleitet sie auf ihrer Reise. Das ganze Leben ist ein Traum unter einem blühenden Fliederstrauch. Es ist wundervoll, dass der kleine Junge die Liebe zuerst träumen darf, ehe er sie erlebt!

Träume sind ein grosser, wichtiger und ein sehr bedeutsamer Teil unseres Lebens, und vielleicht sind sie sogar noch mehr als das. Andrew Paquette („Dreamer" O-Books 2011) hat als Jugendlicher, der noch keine Erfahrungen hatte mit Mädchen, seine Ehe vorausgetäumt, und zwar so intensiv und genau, dass er fähig wurde viele Jahre später auf Grund dieses Traumes eine Krise in seiner Ehe zu überwinden. Paquette hat viele seiner prophetischen Träume aufgezeichnet, welche sich allesamt, manche sogleich, andere zu einem späteren Zeitpunkt, manifestierten. Er war auch fähig eine ihm völlig unbekannte Vergangenheit zu träumen, und auch dieser Traum wurde bestätigt.

Das Traum-Yoga im tibetanischen Buddhismus beruht auf *lucid dreaming* (bewusst und achtsam träumen) und *out of body experiences* (die Erfahrung den physischen Körper zu verlassen) und gibt dem Träumer die Möglichkeit im Traum zu meditieren, und diese Art von Meditation ist so machtvoll, dass sie zur Erleuchtung führen kann. Mit anderen Worten: der Traum-Yogi erreicht das Ziel jedes buddhistischen Mönches im Schlaf!

Jeder Mensch kann mit dem nötigen Training essenzielle spirituelle Aufgaben übernehmen, während sein physischer Körper schläft. Ich erinnere mich, dass ich vor vielen Jahren einmal im Traum in das Haus meiner Eltern zurückkehrte und dort meinen verstorbenen Grossvater vorfand, der offenbar ziemlich verzweifelt war, weil er den Weg ins Jenseits nicht finden konnte. Er war am Ende seines irdischen Daseins sehr krank geworden und musste viel leiden, er kam sich vor wie ein Tier in einer Falle. Dieses Bewusstsein hinderte ihn daran nach seinem leiblichen Tode ins Licht zu gehen. Meine Eltern konnten meinen Grossvater nicht sehen oder hören, und daher konnten sie ihm auch nicht helfen. Ich sah ihn klar und deutlich und verstand seine Probleme; ich wusste genau was ich zu tun hatte. Ich nahm seine Hände in meine und half ihm die Treppe hinauf. Zuerst rutsche er immer wieder kläglich die Stufen hinunter, aber sobald ich damit begann, das Herzensgebet der russischen Pilgermönche zu meditieren, das mir damals sehr lieb war, folgte er mir ohne Schwierigkeiten. Ich führte ihn in ein Zimmer in welchem eine Wand aus lauter Licht bestand und er ging durch dieses Licht in eine andere Wirklichkeit. Sogleich verwandelte er sich, er richtete sich auf, wurde jünger und kraftvoller und der Himmel über ihm war erleuchtet mit Blitzen. Er wurde zu einem Magier, und ich begriff, dass dies sein wahres Wesen war.

Im Film „Avatar" wird ein Soldat plötzlich in einen anderen Körper und in ein Leben in der All-Einheit mit der Natur hineingeworfen. Er lebt in zwei Körpern und zwei Existenzen. Zunächst ist er weiterhin ein Soldat, der wie in einem Traum mit seltsamen, naturverbundenen Wesen lebt, aber plötzlich kehrt sich alles um. Er realisiert: der Traum ist die Wirklichkeit und alles andere ist ihm fremd.

Shakespeare schrieb, dass unsere ganze Existenz nichts anderes ist als ein Traum. Carl Gustav Jung wurde sich bewusst, dass es einen Geist gibt, der ihn träumt, und sobald dieser Geist erwacht, ist das, was er als Mensch bisher für wirklich hielt, vorüber und vom Winde verweht.

Die dreidimensionale Wirklichkeit ist das Ergebnis von Gedanken. Die ganze Welt und jede Form überhaupt, jeder Stern am Himmel und jeder Mond und Planet, ist Klang. Wenn das Lied der Schöpfung zu Ende gesungen ist, kehren wir in den Ursprung aller Dinge zurück. Im alten China war dies das Tao. In Indien, zur Zeit der Upanishaden (750 – 500 vor Christus), waren Atman und Brahma eine Einheit. Es heisst: „Dieser mein Atman im inneren Herzen ist grösser als die Erde, grösser als der Himmel, grösser als das Universum!" Brahman ist die unendliche, transzendente Realität, der Ursprung aller Schöpferkraft und der Schöpfung überhaupt. Die älteste Bedeutung dieses Sanskrit-Wortes in den Veden ist „heiliges Wort", also wiederum Klang.

Die ältesten heute bekannten Religionen Europas kennen als Anfang der Schöpfung die Göttin, die grosse Mutter, Sophia. In unserem Märchen erscheint sie als Fliedermutter. Aus ihrem Schoss kommt alles Leben. Der Beginn der Tonreihe DO RE MI, nämlich DOminus (der Herr), REgina Coeli (die Königin des Himmels), MIkrokosmos (die Schöpfung), hiess ursprünglich UT RE MI. UT steht für Uterus, der Schoss.

In höheren Dimensionen breitete sich unser Bewusstsein für die All-Einheit der Schöpfung aus, und die Polarität wird zu dem, was Tom Kenyon, der als Medium für Hathor spricht, „Nicht-Dualität" nennt und „Mutter aller Dinge" und „der Stoff, der jeder Existenz zu Grunde liegt".

Die Farbe der Fliedermutter, lila oder violett, ist das Ende des Regenbogens. Es ist die Farbe der Verwandlung, des Übergangs, der Transzendenz. Die Fliedermutter ist die geistige Wirklichkeit, die mitten im Leben steht, die uns inspiriert und heilt. Sie kennt den Weg ins Herz des schlafenden Zauberwaldes, sie ist eine Hüterin der Schwelle ins Jenseits, sie ist im wahrsten Sinne des Wortes unsere *fairy godmother*. Wörtlich übersetzt: die Feengottmutter.

Das Märchen vom Dornbusch in Donegal, dem Esel Eamonn, der Kuh Bridget, Cachal, dem Ziegenbock, und dem kleinen Volk.

Ein Irisches Märchen, harausgegeben von Frederick Hetmann

Es war einmal ein Bauer mit Namen Danny O'Connor, der lebte in Donegal. Danny besass nur zwei Felder, und gerade in der Mitte des einen Ackers wuchs ein grosser Dornbusch. Er hätte diesen Busch nicht ausgerissen, und wenn man ihm zehn Säcke Gold dafür gegeben hätte, denn in Donegal (und in ganz Irland!) weiss ein jeder, dass die Dornbüsche den Feen oder dem kleinen Volk gehören, und dass man sie deshalb besser blühen und wachsen lässt. (In Irland nennen wir Weissdorn- und Schwarzdorn- büsche „Fairytrees": Feenbäume).

Nun geschah es aber, dass der Bauernhof in der Nachbarschaft von Danny von Mick O'Hara gekauft wurde, einem Mann aus der Stadt. Und die erste Arbeit, an die Mick sich machte, bestand darin, jeden Dornbusch auf seinem Besitz mit Strunk und Stiel auszuroden und das Holz zu verbrennen. Danny erklärte ihm, er solle das besser bleiben lassen, aber Mick O'Hara hörte nicht auf den guten Rat seines Nachbarn.

Auf Dannys Feld mit dem einen Dornbusch aber lebten drei der glücklichsten und vergnügtesten Tiere in ganz Irland. Da waren Eamonn der Esel, Bridget die Kuh, und Cachal der kleine, weisse Ziegenbock. Den ganzen Sommer über waren sie auf dem Feld, und im Winter drängten sie sich im Schuppen neben Dannys Hütte dicht aneinander um sich zu wärmen. Ihr Leben gefiel ihnen. Nur eines gab es, worüber sie sich Sorgen machten. Danny war noch nicht verheiratet. Sie mussten unbedingt eine Frau für ihn finden.

An einem schönen Frühlingsabend zog Danny O'Connor seinen besten Anzug an und machte sich auf den Weg nach Buncara, wo die Musikanten in dieser Woche zum Tanz aufspielten. Als er an seinem Feld vorbeikam, sah er seine Kuh, seinen braunen Esel und seinen Ziegenbock friedlich

49

beieinanderstehen, und er winkte ihnen vergnügt mit seinem Spazierstock zu.

„Ist es nicht traurig, dass ein so netter und freundlicher Mann keine Frau findet?" sagte Eamonn, der Esel.

„Zum Weinen ist's", sagte Bridget, die Kuh, „wenn es nicht ein so schöner Abend wäre."

„Er ist so gut zu uns", warf Cachal, der Ziegenbock, ein, „so einer muss einfach auch ein guter Ehemann sein. Ich meine einen, der nicht jeden Penny ins Wirtshaus trägt, der nicht schimpft und seine Frau prügelt, wenn er mit dem falschen Fuss zuerst aufgestanden ist."

„Oh, ich kenne da so manches Mädchen, das ihn gern zum Mann nehmen würde", sagte der Esel, „ ihr solltet sehen, wie es ist, wenn ich mit ihm nach Buncara komme. Jede zweite lächelt ihm doch zu."

„Ist das wahr?" fragte Cachal. „Nun, dann wundert es mich noch mehr, dass er noch nicht geheiratet hat. Es wird doch sicherlich auch eine darunter sein, bei der er zurücklächelt."

„Ich verstehe das auch nicht", sagte Bridget, „wir müssen genau darüber nachdenken."

Die drei Tiere legten sich nieder und machten es sich bequem. Es wurde dunkler und dunkler. Die Sterne traten am Himmel hervor, und ein grosser, runder Mond rollte über den Hügel. „Mir ist etwas eingefallen", sagte Cachal plötzlich. Ein Ziegenbock ist, wenn es ans Denken geht, immer etwas rascher als ein Esel oder eine Kuh. „Und das wäre?" fragte Bridget. „Ich frage mich, ob uns nicht das kleine Volk dabei helfen könnte, für Danny eine Frau zu finden." – „Ich weiss nicht, ob das ein guter Einfall ist", sagte Eamonn, „du weißt dass die Fairies sehr launisch sind und einem gerne einen Streich spielen." – „Es käme auf den Versuch an", sagte Cachal und rieb sich seinen Ziegenbart. Bridget sagte nichts. Sie wusste, dass die beiden Männer bei aller Freundschaft in ein endloses Streitgespräch geraten würden, ohne dass einer den anderen überzeugen konnte. Also schloss sie die Augen und versuchte einzuschlafen.

Da sagte plötzlich eine Stimme, von der keiner recht wusste, woher sie kam: „Also wollt ihr uns nun um Hilfe bitten oder nicht?"

Die drei Tiere sprangen auf. „Bitte mach nicht solche Bocksprünge", sagte die Stimme, „und wackle nicht so mit den Ohren, sonst falle ich herunter." – „Von wo fällst du herunter?" fragte Cachal. „Von dort, wo ich sitze, du dummer Ziegenbock, oder was hast du gedacht?" – „Aber wo bist du?" fragte Eamonn, der Esel. – „Merkst du nicht, dass ich zwischen deinen Ohren sitze? Warte, gleich wirst du es spüren." Und tatsächlich spürte Eamonn, wie ein kleiner scharfer Dorn sein Ohr ritzte, und er gab einen Schrei von sich, den man bis in die Stadt Derry hören konnte. „Ja, ja, ich spüre dich!", rief er dann, „lass dir nicht einfallen, mir dieses Ding noch einmal ins Ohr zu stechen." – „Manche Leute und manche Tiere wollen nicht glauben, dass es uns überhaupt gibt", sagte die Stimme höhnisch, „dummes Pack!" fügte sie hinzu.

Cachal, der Ziegenbock, starrte auf das Stück Fell zwischen Eamonns Ohren. „Himmel!" rief er, „wirklich, da sitzt ein kleiner Mann. Einer von dem kleinen Volk. Er muss uns die ganze Zeit über zugehört haben." – „Natürlich habe ich euch zugehört", sagte der kleine Mann, „ich bitte mir aus, dass ihr in Zukunft mit etwas mehr Respekt von uns sprecht. Für diesmal will ich's noch durchgehen lassen. Also soll ich euch helfen, für Danny O'Connor eine Frau zu finden?" – „Ja, da wären wir sehr dankbar", antwortete Bridget. – „Das wird gar nicht so leicht sein", sprach der kleine Mann, „und wenn ich euch helfen soll, dann müsst ihr auch etwas für mich tun." – „Alles, was du willst", sagte Eamonn rasch. „Sofern es in unserer Macht steht", fügte Cachal hinzu. Der Ziegenbock erinnerte sich nämlich, dass man dem kleinen Volk nie etwas versprechen darf, ehe man zuvor gehört hat, was sie verlangen. „Ach was, Cachal", sagte der kleine Mann, „ich werde bestimmt nichts Unmögliches von euch verlangen." – „Trotzdem wollen wir zunächst einmal gar nichts versprechen", beharrte Cachal. „Ganz recht", pflichtete ihm Eamonn bei, „wir versprechen gar nichts. Und komm du erst einmal von meinem Kopf herunter. Wie kann ich mit jemandem sprechen, der zwischen meinen Ohren sitzt?" – „Was hast du schon gross zwischen deinen Ohren", meinte der kleine Mann frech. Eamonn wurde zornig. Er konnte es nicht ausstehen, wenn jemand Anspielungen darauf machte, dass Esel dumm seien. Er schüttelte wütend seinen Kopf. Der kleine Mann stürzte herab und fiel mitten in eine Pfütze, dass es nur so klatschte und spritzte. „Du boshaftes Vieh", schimpfte er, „kannst du denn keinen Spass verstehen?" – „O doch, ich kann", antwortete Eamonn, „und ich kann ebenfalls auf Kosten anderer Leute Witze reissen. Du solltest dich jetzt einmal sehen. Du siehst aus wie ein Stückchen frischer Mist!" – „Was fällt dir ein", fauchte der kleine Mann, „wie kannst du es wagen, dich über mich lustig zu machen!" – „Wie du mir, so ich dir", sagte der Esel, „noch ein unverschämtes Wort über Esel, und ich versetze dir einen Hufschlag, dass du bis mitten in die nächste Woche fliegst!" – „Beruhige dich doch, Eamonn", mischte sich Cachal ein, „mach ihn doch nicht noch wütender." – „Mir egal", schnaubte Eamonn, „ich lasse mich von ihm nicht beleidigen!"

Er trabte auf den kleinen Mann zu. Cachal rannte hinterher, und zum Schluss trottete Bridget. Sie war immer etwas langsam. Der Esel und der Ziegenbock stürmten Hals über Kopf auf den Dornbusch zu, der in der Mitte des Feldes stand und zu dem sich der kleine Mann flüchtete. Plötzlich sah man dort einen Blitz von goldenem Licht. Der Busch war verschwunden, und Eamonn und Cachal mit ihm. Für einen Augenblick war es den beiden Tieren ganz seltsam zu Mute. Sie begriffen gar nicht, was geschah, wo sie waren. Dann aber merkten sie, dass sie einen langen Gang entlangtrabten. Sie hörten wunderschöne Musik und Stimmen, die lachten und sangen. Und gleich darauf standen sie in einem Saal mit vielen kleinen Männern in grünen Jacken und mit roten Mützen auf dem Kopf. Ganz hinten stand auch ein Thron und auf dem sass der König des kleinen Volkes. „Ach, sieh an", sagte er, „wen haben wir denn da?"

„Ich habe die Tiere mitgebracht, Majestät", sagte der kleine Mann, der sich oben auf der Erde mit dem Esel gezankt hatte. Die Tiere erkannten ihn daran, dass der Schmutz von seinen Kleidern auf den spiegelblanken Boden tropfte. „Es war schwere Arbeit, das kann ich Euch versichern." – „Man

sieht es dir an", sagte der König. „Dieser Esel ist unerhört jähzornig." –
„Kommt her, ihr beiden", sprach der König zu den Tieren, „ich habe nach
euch geschickt, weil ich euch bitten möchte, etwas für uns zu tun. Wenn mein
Bote euch beleidigt hat, so entschuldigt das bitte. Der Bursche ist zu viel mit
den Menschen zusammen. Dann wird man so."

„Schon gut", antwortete Cachal, „wir werden tun, was wir können, aber wir
versprechen nichts." – „Ich verstehe", sagte der König, „aber es handelt sich
wirklich nur um eine Kleinigkeit. Also! Euer Herr, Danny O'Connor, ist ein
Mann, der die rechte Achtung vor uns hat. Von seinem Nachbarn Mick
O'Hara lässt sich das gleiche leider nicht sagen. Im Gegenteil. Er ist eine
Plage für uns! Er reisst jeden Dornbusch aus der Erde. Wir sind ganz und
gar nicht mit ihm zufrieden. Das muss anders werden." – „Tja", sagte
Eamonn, „und was liesse sich dagegen tun?" – „Ihr nehmt diesen Beutel mit
Goldstücken hier", erklärte der König, „und ehe diese Nacht noch herum ist,
verstreut ihr sie über die Felder von Mick O'Hara. Überall, wo Eamonn ein
Goldstück fallen lässt, sollst du, Cachal, es fest in den Boden drücken. Habe
ich mich klar ausgedrückt?" – „Das schon", meinte Cachal, „aber ich sehe
nicht ein, warum der Bursche auch noch mit Goldstücken belohnt werden
soll." – „Tut, was ich euch sage, und überlasst das andere mir", sagte der
König.

„Und helft ihr uns dann auch, für Danny O'Connor eine Frau zu finden?"
fragte Cachal. „Hört jetzt gut zu", sprach der König, „euer Freund Danny
hat die Frau, die er sich wünscht, schon gefunden. Er braucht nur noch
etwas Mut, um das Mädchen auch zu fragen, ob sie ihn heiraten will. Ich
glaube, er schämt sich, weil er nur zwei Äcker besitzt. Aber ich verspreche
euch, auch das wird sich ändern. Und wenn ihr nur tut, was ich euch
aufgetragen habe, wird Danny am Ende als ein wohlhabender Mann
dastehen."

„Das ist ein Wort", sagte Eamonn und spuckte auf den Boden, wie man das
in Irland tut, wenn ein Vertrag abgeschlossen wird. „Abgemacht", sagte der
König, und auch er spuckte auf den Boden. „Auf denn, fort mit euch!" rief
er dann und schwenkte sein Szepter über ihre Köpfe, und im Augenblick

standen Eamonn und Cachal wieder auf dem Feld vor dem Dornbusch. Bridget machte vor Erstaunen einen kleinen Luftsprung. „Ich habe mir Sorgen um euch gemacht", muhte sie. „Wir sind gesund und munter", erklärte Cachal, „aber jetzt gibt es Arbeit!"

Und schon lief er mit Eamonn hinüber auf Mick O'Haras Feld. „Um Himmelswillen", schnaufte Bridget, „was habt ihr nur vor? Wenn euch Mick erwischt auf seinem Grund und Boden, wird er euch gehörig verprügeln." – „Schon möglich", sagte Eamonn, „sogar höchst wahrscheinlich, aber das müssen wir riskieren. Wir haben dem König des kleinen Volkes versprochen, etwas zu tun." Cachal stach mit seinen scharfen Hörnern in den Boden des Beutels, den Eamonn im Maul hatte, und ein Goldstück nach dem anderen fiel heraus. Die beiden Tiere liefen auf dem ersten Feld hin und her, bis die Goldstücke überall im Mondlicht glitzerten. Dann rannten sie auf den nächsten Acker und streuten auch dort Goldstücke aus, bis das ganze Land von Mick O'Hara blitzte und leuchtete, als seien die Sterne vom Himmel heruntergefallen. Cachal vergass auch nicht alle Goldstücke so gut es ging mit einem Vorderhuf in die Erde zu drücken.

Als die Tiere am nächsten Morgen erwachten, erkannten sie die Äcker von Mick O'Hara nicht wieder. Überall, wo ein Goldstück hingefallen war, stand jetzt ein Dornenstrauch, und jeder war doppelt so hoch wie ein ausgewachsener Mensch. Eine richtige Dornenwildnis war es geworden.

Danny O'Connor trat aus seiner Hütte. Er sah einmal hin, er sah zweimal hin. Nein, er träumte nicht. Auf O'Haras Feldern wuchsen die Dornenbüsche so dicht wie anderswo das Getreide in einem guten Jahr. Als er sich von seinem Schreck erholt hatte, murmelte er: „Nun ja, ich habe ihm ja immer gesagt, er soll nicht alle Dornenbüsche ausroden!" Da kam auch schon sein Nachbar O'Hara um die Hausecke gerannt. Er sah aus, als sei er gerade einem Gespenst begegnet. „Ich bin ruiniert!" schrie er, „wie konnte das nur geschehen?" – „Das kleine Volk", sagte Danny.

„Das kleine Volk, das kleine Volk", schrie O'Hara aufgeregt, „dummes Zeug, es gibt kein kleines Volk. Aber es gibt einfach zu viele Dornenbüsche hier.

Mag sich auf diesem Boden herumquälen, wer will. Ich nicht. Ich ziehe fort. Ich gehe zurück in die Stadt. Aber du Danny, du bist doch so neunmalklug. Vielleicht weißt du auch, wie man aus sieben Feldern voller Dornenbüsche wieder gutes Land macht. Viel Spass dabei!"

Fort war er. Aber in der Minute, da Mick endgültig abgereist und um die letzte Wegbiegung verschwunden war, geschah es: Die Dornenbüsche verwandelten sich alle wieder in Goldstücke, die zwischen den Kartoffelfurchen, im Hafer und im Gras funkelten. Danny brauchte sie nur einzusammeln. In der Mitte eines jeden Feldes aber stand ein prächtiger Dornenbusch. Und man kann sicher sein: diese Büsche blieben stehen, so lange Danny O'Connor in dieser Gegend das Sagen hatte.

Was Eamonn, Bridget und Cachal anging, so brauchten sie nicht lange zu warten, bis auch ihr Wunsch erfüllt wurde. Jetzt, da Danny mehr Land, einen Beutel voll Goldstücke und ein rechtes Haus besass, fand er auch den Mut, sein Mädchen zu fragen, ob sie seine Frau werden wollte. Und ich verrate euch noch etwas, ehe diese Geschichte zu Ende ist: Das Mädchen hat ja gesagt.

Die nördlichste Grafschaft von Irland, Donegal, liegt zwischen dem Fluss Foyle und dem Atlantik (Donegal Bay) in der Provinz Ulster. Sie besteht vorwiegend aus Bergen, und ihre Küste ist stark zerklüftet. Donegal, irisch *Dun na nGall*, bedeutet „Festung der Fremden", und diese Fremden waren einst Wikinger. Die Normannen waren in keiner Weise die erste Plage, welche die schöne grüne Insel heimsuchte. Die schlimmsten Eroberer Irlands waren die missgestalteten, gewalttätigen *Fomori*, *Fomoraig* oder *Fomoiri*. Sie zwangen die „Leuchtenden", die *Tuatha De Danann*, mitsamt dem Lichtschwert, dem Zauberstab, dem Gral und dem Stein der Weisen zu verschwinden und im Land der ewigen Jugend *(Tir nan Og)* Zuflucht zu finden. Die *Fomori* wurden dann sehr viel später ihrerseits von den Wikingern überwältigt, die ihnen ähnlich waren. Es ist eine traurige Tatsache, dass fast alle Menschen, die heute die Erde bewohnen, von grausamen Eroberern abstammen, welche meist friedliche und sehr oft geistig hoch kultivierte Völker unterwarfen, versklavten und auslöschten, um ihre Länder in Besitz zu nehmen.

Aber glücklicherweise ist unser DNA nicht unsere einzige Visitenkarte. Unsere vergangenen Leben sind genau so ausschlaggebend, und viele von uns, die heute in Irland als Abkommen der Eroberer leben, waren einst inkarniert als die „Leuchtenden". Ein Schamane, der nach Irland eingeladen wurde, hatte vor seiner Abreise eine Vision der „Leuchtenden", die ihm einen neuen Körper (also ein neues DNA) versprachen und ihm später klarmachten, dass sie zwar immer noch für viele Menschen unsichtbar sind, dass die geistige Welt, in der sie leben, sich aber immer mehr öffnet für alle, die sie suchen. Das Land der ewigen Jugend, das Land der lebenden Herzen, das Land der Versprechen ist in uns und um uns und auch in der Erde, wenn wir sie liebevoll achten, berühren und pflegen.

Die Stadt Buncara (*Bun Crancha* bedeutet „am Fuss des Flusses Crana"), in welcher Danny O'Connor, der Protagonist unseres Märchens, tanzen geht, ist bekannt als *Parthas Eireann*, irisches Paradies, und ist die grösste Stadt auf der Inishowen Halbinsel, ganz im Norden von Donegal; sie gehörte einst dem O'Doherty Klan.

Die Feenbäume in Irland sind hauptsächlich Schwarzdorn und Weissdorn. Beide gehören zur Familie der Rosengewächse. Der Schwarzdorn oder Schlehdorn blüht sehr früh im Jahr. Er wird auch „Mutter des Waldes" genannt. Seine weissen Blüten wurden im Schlafzimmer einer frischverheirateten Braut aufgehängt, seine dunkelblauen Beeren (wilde Pflaumen) werden im Herbst nach dem ersten Frost von den Zwerglein und Erdmännlein eingesammelt. Die Schlehe ist ein Baum des Schutzes und ist besonders den *Lunantishee-Fairies* lieb und teuer.

Der Weissdorn (*hawthorn*) oder Mehldorn blüht im Mai weiss oder rot oder rosafarben und heisst daher in Irland auch *mayblossom* (Maienblüte). Mit ihm wird die Beltanejungfrau bekränzt. Weissdorn ist bekannt als Heilpflanze für das Herz.

Es gibt noch einen anderen Dornbusch, der in Irland weit verbreitet ist: der gelbblühende Ginster. Es ist das ganze Jahr über möglich irgendwo einen blühenden Ginster zu entdecken. Ich weiss das genau, denn ich hatte einmal ein Kaninchen, das am liebsten Ginsterblüten frass, und es bekam sie jeden Tag von mir, im Sommer und im Winter, so lange es mit seinen dreizehn Kindern lebte. Es gibt ein irisches Sprichwort: „Wenn der Ginster nicht mehr blüht, ist das Küssen aus der Mode gekommen." In den berühmten Gärten von Findhorn in Schottland herrschte einmal grosse Bestürzung, weil jemand den blühenden Ginster geschnitten hatte. Es ist überhaupt von Übel irgend einen blühenden Strauch zu beschneiden. In unserem Feenhügel verdarb einmal das Quellwasser, weil ein unwissender Nachbar seine blühenden Fuchsien brach. Die Blüten sind die Wohnungen der *Fairies*, der *Little People*.

Ein shamanistischer Heiler erzählte mir einmal, dass einer seiner Klienten seine ganze Familie ins Unglück brachte, weil er einen Feenbaum fällte. Der Klient konnte aber die *Fairies* letztlich wieder versöhnen, indem er für sie einen neuen Dornbusch pflanzte.

In Irland wurde der Bau einer Strasse abgebrochen, weil ein Feenbaum in der geplanten Route stand. Die Strasse wurde nach hitzigen öffentlichen Debatten verlegt.

Wie eingangs bereits erwähnt, habe ich dieses Buch auf den ausdrücklichen Wunsch des alten Feenbaumes begonnen, der dicht bei unserem runden grünen Haus auf einem kleinen Hügel steht. Wir haben ihn mit den allerschönsten Blumen bepflanzt, die wir finden konnten: Camas Lilien (*Camassia Quamash*, welche der Stamm der *Songhees* in Vancouver ursprünglich kultivierte), altmodischen und stark duftenden Rosen, Baumpeonien, Sternschnuppen-Blumen *(shooting star flowers)*, Silberdisteln, Fingerhut *(foxgloves)* und vielen wilden Erdbeeren. Unser Feenbaum ist ein Weissdorn, und er war schon da, als mein Mann mit dem Bau unseres runden grünen Hauses begann. Er ist mit Glocken und bunten Bändern geschmückt. Als ich für dieses Buch bereits zwei passende Märchen gefunden hatte, sass ich mit sieben Märchenbüchern unter unserem Freund, dem Feenbaum, neben der klaren Quelle, die bei seinem Hügel in unseren Teich fliesst, und ich sagte zu ihm: „Weißt du, am liebsten hätte ich jetzt noch ein Märchen über DICH!" Ich öffnete das erste Buch in meinem Schoss und fand sogleich das Märchen vom Dornbusch in Donegal.

Was ganz klar wird in diesem wunderschönen Märchen, ist die Tatsache, dass die Liebe zum kleinen Volk Hand in Hand mit der Liebe zu allen Pflanzen und Tieren einhergeht. *Fairies* und Zwerge schützen alle Lebewesen vor Krankheiten und Unfällen. Sie bringen Glück und gutes Gedeihen. Sie lieben die Elemente und wissen wie ungeheuer wertvoll jede Handvoll Erde und jeder Tropfen Wasser ist. Sie kennen das wahre Wesen der Bäume und Sträucher und Blumen. Für C. S. Lewis sind die Bäume in seinem Zauberland *Narnia* nichts weniger als Götter und Göttinnen.

Aus dem Dornbusch in der Mitte von Dannys Feld flammt ein Blitz von goldenem Licht. Im Märchen vom Wacholderbaum wird der Nebel im Baum zu Feuer, und aus dem Feuer fliegt der wunderbare Vogel. Zum Schluss wird aus Dampf und Feuer das tote Kind zum Leben erweckt. Auch Moses erblickte das Geistfeuer in einem Dornbusch in der Wüste, bevor er sich auf den Weg machte sein Volk zu befreien.

Die Goldstücke des Feenkönigs verwandeln sich in Feenbäume. Auch wenn sie sich schliesslich wieder zurückverwandeln, ist die Aussage des Märchens sonnenklar: diese Bäume sind reines Gold wert!

Mick O'Hara sagt im Märchen, er wolle sich nicht länger auf diesem Boden herumquälen, und es ist wahr: Er hat sich das Leben zur Qual gemacht! Besonders der wilde Ginster kann in Irland zu einer undurchdringlichen Wildnis werden, wie der Dornenwald, der das Dornröschen beschützte. Danny hingegen hat eine glückliche Einstellung zu seinem Dasein und sein Leben ist ein liebevolles, freudiges Miteinander und Füreinander! Wir haben die Wahl! Jeder Mensch kann sich für oder gegen die Natur und die Naturgeister entscheiden. Für Mick O'Hara dürfte es in der Stadt einfacher gewesen sein, seiner Neigung zum *workaholic* die Zügel schiessen zu lassen. Er wünscht Danny zum Abschied „Viel Spass!". Das sollte zynisch gemeint sein, aber Danny hat mit absoluter Sicherheit sehr viel Spass daran, die Goldstücke einzusammeln. Er hat Spass mit seinen Tieren, mit dem kleinen Volk, mit seinem Mädchen und mit sich selber. Das ist und bleibt ein wichtiger Punkt: Sich selber ein guter Freund oder eine gute Freundin zu sein und sich selber zu erlauben, soviel Spass und Freude wie nur irgend möglich zu erleben, und das Glück zu verbreiten wie einen Blumenteppich im Sommer! Aber auch das ist nur möglich, wenn wir begreifen und erleben, dass wir eins sind mit der ganzen Natur, mit ihren sichtbaren und mit ihren unsichtbaren Aspekten.

Libussa

von Johann Karl Augustus Musäus

Deutsche Volksmärchen

Tief im Böhmer Walde, wovon jetzt nur ein Schatten übrig ist, wohnte vor Zeiten, da er sich noch weit und breit ins Land erstreckte, ein geistiges Völklein, licht und luftig, auch unkörperlich, feiner im Wesen als die aus fettem Ton geformte Menschheit und darum unempfindbar dem groben Gefühlssinn, aber dem verfeinerten halb sichtbar bei Mondlicht und wohlbekannt den Dichtern unter dem Namen der Dryaden und den alten Barden unter dem Namen der Elfen. Seit undenklichen Zeiten hatten sie hier ihr Wesen ungestört, bis der Wald plötzlich von lautem Kriegsgetümmel ertönte. Herzog Czech von Ungerland brach mit seinen slawischen Horden über die Gebirge herein, sich in diesen Gegenden einen neuen Wohnplatz zu suchen. Die schönen Bewohnerinnen der bejahrten Eichen, der Felsen, Klüften und Grotten, auch des Schilfs in den Teichen und Sümpfen, flohen vor dem Geräusche der Waffen und dem Wiehern der Streitrosse. Selbst dem gewaltsamen Erlkönig war des Lärms zuviel, und er verlegte seine Hofstatt in eine entlegene Wüstenei. Nur eine der Elfen konnte sich nicht entschliessen, von ihrer Lieblingseiche zu scheiden, und als der Wald da und dort umgehauen wurde, um das Land urbar zu machen, hatte sie allein den Mut, ihren Baum gegen die Gewalt der neuen Ankömmlinge zu verteidigen, und wählte den emporragenden Wipfel zu ihrem Aufenthalt.

Unter dem Hofgesinde des Herzogs befand sich ein junger Knappe, Krokus genannt, voll Mut und Jugendfeuer, rüstig und wohlgebaut, auch von edler Bildung, dem die Hut der Leibrosse seines Herrn anbefohlen war, die er zuweilen weit in den Wald auf die Weide trieb. Oft rastete er unter der Eiche, welche die Dryas bewohnte. Sie bemerkte den Fremdling mit Wohlgefallen, und wenn er zur Nachtzeit unten an der Wurzel der Eiche schlummerte, flüsterte sie ihm angenehme Träume ins Ohr oder verkündete ihm in bedeutsamen Bildern die Begebnisse des künftigen Tages; und wenn sich ein Pferd in der Wildnis verlaufen hatte und der Hüter die Spur verloren hatte und mit Kummer einschlief, sah er im Traume die Merkzeichen des verborgenen Pfades, der zu dem Orte führte, wo das verirrte Pferd weidete.

Je weiter sich die neuen Anpflanzer ausbreiteten, desto näher rückten sie an die Wohnung der Elfe, und vermöge der Gabe ihrer Divination sah sie ein, wie bald die Axt ihren Lebensbaum bedrohen würde; darum beschloss sie, ihrem Gastfreunde diesen Kummer zu entdecken. An einem mondhellen Sommerabend trieb Krokus seine Herde später als gewöhnlich in die Verzäunung und eilte unter den hochgegipfelten Eichbaum zu seiner Lagerstatt. Sein Weg dahin krümmte sich um einen Weiher, in dessen Silberwellen sich der volle Mond spiegelte. Am jenseitigen Gestade dieses Sees, in der Gegend der Eiche, erblickte Krokus eine weibliche Gestalt, die an dem kühlen Ufer zu lustwandeln schien. Die Erscheinung befremdete den jungen Mann. Woher kommt dieses Mädchen, dachte er bei sich selbst, so allein im Wald zur Zeit der nächtlichen Dämmerung? Aber das Abenteuer war doch von solcher Beschaffenheit, dass es für einen Jüngling mehr verlockend als abschreckend schien. Er verdoppelte seine Schritte, ohne die Gestalt aus den Augen zu verlieren, und gelangte bald an den Ort, wo er sie zuerst wahrgenommen hatte, unter der Eiche. Jetzt kam es ihm vor, als sei es mehr Dunst als Körper, was er sah. Er stand verwundert da, und es überlief ihm die Haut mit einem kühlen Schauer. Aber er vernahm eine sanfte Stimme, die ihm diese Worte zuflüsterte: „Tritt herzu, lieber Fremdling, und scheue dich nicht. Ich bin keine Truggestalt, kein täuschender Schatten. Ich bin die Elfe dieses Hains, die Bewohnerin der Eiche, unter deren dichtbelaubten Ästen du oft gerastet hast. Ich wiegte dich in süsse, ergötzende Träume und verkündete dir deine Begegnisse. Wenn ein Mutterpferd oder ein Füllen von der Herde sich verirrt hatte, wies ich dir den Ort, wo es zu finden war. Vergilt diese Gunst durch einen Gegendienst, den ich von dir fordere. Sei der Beschützer dieses Baumes, der dich vor Sonnenbrand und Regen so oft in Schutz genommen hat, und wehre der mörderischen Axt deiner Brüder, welche die Wälder verheeren, dass sie diesen ehrwürdigen Stamm nicht verletze." Der junge Mann, durch diese sanfte Rede beherzt gemacht, antwortete also: „Göttin oder Sterbliche, wer du auch sein magst, heische von mir, was dich lüstet, so ich's vermag, will ich's enden. Aber ich bin ein geringer Mann aus meinem Volk, meines Herrn, meines Herzogs Knecht. So der zu mir spricht, heut oder morgen: weide hie, weide da, wie soll ich deines Baumes hüten in diesem fernen Walde? Doch so du gebeutst, will ich abtun des Fürstendienstes, im Schatten deines Eichbaums wohnen und ihn beschützen mein Leben lang." – „Tue also", sprach die Elfe, „es soll dich nicht gereuen." Hierauf verschwand sie, und es rauschte oben in dem Wipfel nicht anders, als ob sich ein laues Abendlüftchen darin verfangen hätte und das Laub bewegte.

Krokus stand noch eine Weile ganz verzückt über die himmlische Gestalt, die ihm erschienen war. Endlich streckte er sich auf weiches Moos, ob ihm gleich kein Schlaf in die Augen kam. Die Morgendämmerung überraschte ihn im Taumel süsser Empfindungen, die ihm so fremd und neu waren wie der erste Lichtstrahl den geöffneten Augen eines Blindgeborenen. Er flog beim frühen Morgen zum Hoflager des Herzogs, begehrte seinen Abschied, packte seine Heergeräte zusammen und wandelte mit seiner Bürde auf dem Rücken der Waldeinsiedelei zu.

Indessen hatte in seiner Abwesenheit ein Müller den gesunden, geraden Stamm der Eiche zu einem Wellbaum sich ausersehen und ging mit seinen Mühlknappen hin, die Eiche zu fällen. Die zagende Elfe seufzte, als die gefrässige Schrotsäge anhub, mit stählernem Gebiss die Grundfeste ihrer Wohnung zu benagen. Sie schaute von der Höhe ihres Gipfels ängstlich nach ihrem getreuen Ritter umher, doch ihr Scharfblick vermochte ihn nirgends zu entdecken. Krokus war gleichwohl im Anzug und dem Schauplatz dieser traurigen Katastrophe so nahe, dass das Geräusch der keuchenden Säge ihm in die Ohren drang. Er beflügelte seine Füsse und sah den Greuel der bevorstehenden Verwüstung des von ihm in Schutz genommenen Baumes vor Augen. Wie ein Rasender stürmte er flugs auf die Holzhauer ein mit seinem Spiess und dem blanken Schwert und scheuchte sie von der Arbeit, dass sie glaubten einen Bergdämon zu sehen und flohen in grosser Bestürzung. Zum Glück war die Wunde des Baumes noch heilbar, und die Narbe verlief in wenigen Sommern.

In der Feierstunde des Abends, nachdem der neue Ankömmling sich den Platz zu seiner künftigen Wohnung ausersehen, auch den Raum, einen kleinen Garten einzuzäunen abgeschritten hatte und die ganze Anlage seiner Einsiedelei nochmals in Gedanken erwog, wo er in der Abgeschiedenheit von der menschlichen Gesellschaft seine Tage zu verleben gedachte im Dienste einer Dryade, die nicht viel mehr Realität zu haben schien als eine Heilige, die ein frommer Ordensmann zur geistlichen Liebschaft sich erkieset, erschien ihm die Elfe am Gestade des Weihers und redete ihn mit holdseliger Gebärdung also an: „Dank dir, lieber Fremdling, dass du dem gewaltsamen Arme deiner Brüder gewehrt hast, diesen Baum zu fällen, mit dem mein Leben verschwistert ist; denn du sollst wissen, dass die Mutter Natur, die meinem Geschlechte so mancherlei Kräfte und Gaben verliehen hat, dennoch das Schicksal unseres Lebens mit dem Wachstum und der Dauer der Eiche vereinbart hat. Durch uns erhebt die Königin der Wälder ihr ehrwürdiges Haupt über die anderen Bäume und Gesträuche empor, wir fördern den Umtrieb ihrer Säfte durch Stamm und Äste, damit sie Kraft gewinnt, mit den Sturmwinden zu kämpfen und lange Jahrhunderte der zerstörenden Zeit zu trotzen. Stirbt die Eiche, so entschlafen wir bis durch den ewigen Kreislauf aller Dinge eine verborgene Anordnung der Natur unser Wesen mit einem neuen Keim zusammenbringt, der, durch unsere Kraft aufgeschlossen, nach langer Zeiten Verlauf zum mächtigen Baum hinauf sprosst und des Lebens Genuss uns von neuem gestattet. Daraus magst du abmerken, welchen Dienst du mir durch deinen Beistand geleistet hast und welcher Dank dir dafür gebührt. Fordere von mir den Lohn deiner edlen Tat, offenbare mir den Wunsch deines Herzens, und er soll dir zur Stunde gewährt sein.“

Krokus schwieg. Der Anblick der reizenden Elfe hatte auf ihn mehr Eindruck gemacht als ihre Rede, von welcher er nur wenig begriff. Sie bemerkte seine Verlegenheit, und um ihn daraus zu ziehen, ergriff sie ein dürres Schilfrohr am Ufer des Weihers, zerbrach's in drei Stücke und sprach: „Wähle eine von diesen drei Hülsen oder nimm eine ohne Wahl. In der ersten ist Ehre und Ruhm, in der anderen Reichtum und dessen weiser Genuss, in der dritten Minneglück.“ Der junge Mann schlug die Augen zur

Erde nieder und antwortete: „Tochter des Himmels, wenn du den Wunsch meines Herzens zu gewähren gedenkst, so wisse, dass er nicht in den drei Hülsen eingeschlossen ist. Mein Herz trachtet nach einem grösseren Lohn. Was ist Ehre als der Zunder des Stolzes, was ist Reichtum und Liebe, wenn die Falltür der Leidenschaft die edle Freiheit des Herzens zunichte macht? Gewähre mir den Wunsch, im Schatten deines Eichbaumes von der Ermattung des Heerzuges zu rasten und aus deinem süssen Mund Lehren der Weisheit zu hören, um die Geheimnisse der Zukunft dadurch zu enträtseln." – „Dein Begehr", entgegnete die Elfe, „ist gross, aber dein Verdienst um mich ist es nicht minder, es geschehe also, wie du gebeten hast. Die Binde vor deinen körperlichen Augen soll schwinden, die Geheimnisse verborgener Weisheit zu schauen. Der Weise allein ist reich, denn er braucht nicht mehr, als er bedarf, und kostet den Nektar der Liebe ohne ihn mit unreinen Lippen zu vergiften." Als sie das gesagt hatte, reichte sie ihm die drei Schilfhülsen und schied von ihm.

Der junge Eremit bereitete sich sein Bett von Moos unter der Eiche, höchst zufrieden über die Aufnahme, die ihm die Elfe hatte wiederfahren lassen. Der Schlaf überfiel ihn wie ein gewappneter Mann, heitere Morgenträume umtanzten seinen Scheitel und nährten seine Phantasie mit dem Dunste glücklicher Ahnungen. Beim Erwachen begann er fröhlich sein Tagwerk, erbaute sich eine Einsiedlerhütte, grub seinen Garten und pflanzte Rosen und Lilien, auch andere wohlriechende Blumen und Kräuter, nicht minder Kohl und Küchengewächse nebst fruchtbringenden Obstbäumen hinein.

Die Elfe unterliess nie, jeden Abend im Zwielichte ihm einen Besuch zu machen, erfreute sich über den Gewinn seines Fleisses, lustwandelte mit ihm Hand in Hand am schilfreichen Gestade des Weihers auf und ab, und der bewegliche Schilf flötete dem traulichen Paare einen melodischen Abendgruss zu. Sie unterwies ihren aufmerksamen Lehrling in den Geheimnissen der Natur, erzählte ihm vom Ursprung und Wesen der Dinge, lehrte ihn die natürlichen und magischen Eigenschaften derselben und bildete den Krieger zu einem Denker und Weisen um.

In dem Masse, wie durch den Umgang mit der schönen Dryade die Empfindungen des jungen Mannes sich verfeinerten, schien sich die zarte Form der Elfe zu verdichten und mehr Konsistenz zu gewinnen. Ihr Busen empfing warmes Leben, ihre schönen Augen sprühten Feuer, und mit der Gestalt eines blühenden Mädchens nahm sie auch dessen Gefühle in sich auf. Die Schäferstunde, die dazu recht wie gemacht ist, schlafende Gefühle aufzuwecken, tat ihre Wirkung: nach wenigen Monden war Krokus im Besitz des Minneglücks, welches die dritte Schilfhülse ihm verheissen hatte. Obgleich die Vermählung des zärtlichen Paares nur unter vier Augen geschah, so wurde sie doch mit demselben Vergnügen als die geräuschvollste weltliche Hochzeit vollzogen. Es fehlte in der Folge auch nicht an sprechenden Beweisen der belohnten Liebe. Die Dryade gebar drei Töchter. Der entzückte Vater nannte die älteste Bela, die nachgeborenen Therba und die jüngste Libussa.

Alle glichen den Grazien an Schönheit der Gestalt, und ob sie gleich nicht aus so zartem Stoff gebaut waren wie die Mutter, so war doch ihre körperliche Beschaffenheit feiner als die ihres Vaters. Dabei waren sie von allen Infirmitäten der Kindheit befreit, lagen sich nicht wund, zahnten ohne Krämpfe und bedurften keines Gängelbandes, denn nach neun Tagen liefen sie schon wie die Rebhühner, und wie sie heranwuchsen, offenbarten sich an ihnen alle Talente der Mutter, verborgene Dinge wahrzunehmen und zukünftige zu weissagen.

Krokus erlangte mit der Zeit in diesen Geheimnissen gute Kundschaft. Wenn ein Bär oder ein Luchs die Viehherden im Wald zerstreut hatte, wenn die Holzhauer eine Axt vermissten, stets holten die Menschen Rat beim weisen Krokus. Wenn ein böser Nachbar etwas vom gemeinen Gut entwendet hatte oder zur Nachtzeit in die Wohnung seines Nachbarn eingebrochen, ihn beraubt oder sogar erschlagen hatte, befragte man Krokus. Dadurch breitete sich sein Ruf aus über das ganze Böhmerland, und wer ein Anliegen oder ein wichtiges Gewerbe hatte, befragte den weisen Mann über den Ausgang des Geschäftes. Krüppel und Kranke begehrten von ihm Genesung und Hilfe, auch das gebrechliche Vieh wurde zu ihm gebracht, und er verstand sich gut darauf die kranken Kühe und Kälber wieder gesund zu machen. Obgleich Krokus ohne Lohn den Ratfragenden Bescheid gab und die Kranken heilte, brachte ihm doch der geheimnisvolle Schatz seiner Weisheit grossen Gewinn. Das Volk drängte sich zu ihm mit Geschenken und erfreute ihn mit den Beweisen seines guten Willens.

An einem schönen Sommerabend, als Krokus von einem Flurzuge heimkehrte, wo er die Grenzstreitigkeiten zweier Gemeinden geschlichtet hatte, erblickte er seine Gemahlin am Ufer des Schilfteiches, da, wo sie ihm zuerst erschienen war. Sie winkte ihm mit der Hand, und er eilte sie zu umarmen. Sie empfing ihn nach Gewohnheit mit zarter Liebe, aber ihr Herz war traurig und beklommen. Krokus war bestürzt, denn er hatte die Augen seiner Gemahlin nie anders als heiter gesehen. „Was ist dir, Geliebte meines Herzens?" fragte er. Die Elfe seufzte, lehnte ihr Haupt wehmütig an seine Schulter und sprach: „Mein Gemahl, in deiner Abwesenheit habe ich im Buche des Schicksals gelesen, dass meinem Lebensbaum ein Verhängnis droht, ich muss mich von dir scheiden." - „O Geliebte", entgegnete Krokus, „lass diese traurigen Gedanken schwinden! Wie kann deinem Baume ein Unglück drohen? Steht er nicht stamm- und wurzelfest? Solange dieser Arm sich regt, soll er ihn gegen jeden Frevler schützen." - „Was vermag der Mächtigste unter euch Menschen gegen die Wirkungen der Natur oder die unwandelbaren Ratschlüsse des Schicksals? Ja, du hast vormals diesen Eichbaum gegen die Gewalt der Menschen geschützt, kannst du auch dem Sturmwind wehren?" Die Dryade weilte bei ihrem Geliebten bis der Morgenstern am Himmel heraufzog, darauf umarmte sie ihn und ihre Kinder und verschwand.

Der Wald war still beim Aufgang der Sonne, aber schwere, düstere Wolken verbargen bald wieder ihr strahlendes Haupt. Es wurde ein schwüler Tag, die ganze Atmosphäre war elektrisch. Ferne Donner rollten über die Wipfel der Bäume. In der Mittagsstunde schlängelte sich ein gezackter Blitz herab auf die Eiche, zersplitterte mit unwiderstehlicher Kraft Stamm und Äste, und die Trümmer lagen weit im Walde herum zerstreut. Krokus zerriss sein Kleid und ging hinaus, den Lebensbaum seiner Gemahlin mit seinen drei Töchtern zu beweinen und die Splitter davon als köstliche Reliquien zu sammeln und aufzubewahren. Die Dryade aber wurde von dem Tage an nicht mehr gesehen.

Die drei Töchter der Dryade wuchsen heran. Ihre Wohlgestalt blühte auf wie die aus der Knospe hervorschlüpfende Rose, und der Ruf ihrer Schönheit breitete sich aus über das ganze Land. Die drei Schwestern lebten vorerst in grosser Eintracht und Unbefangenheit beieinander. Die Gabe der Weissagung war ihnen im gleichen Masse verliehen, und ihre Reden waren Orakel ohne dass sie es wussten. Doch bald wurde ihre Eitelkeit durch die Stimme der Schmeichelei rege gemacht. Hoffart, ihr Getreuer stand vor der Tür, nebst dem losen Gesindel seines Gefolges, Eigenlob, Eigennutz, Eigensinn, und sie stahlen sich allesamt hinein in die jungfräulichen Herzen.

Die älteren Schwestern beeiferten sich, in ihren Künsten die jüngste zu übertreffen, und sie beneideten sie insgeheim wegen des Übergewichts ihrer körperlichen Reize. Denn obgleich sie alle sehr schön waren, so war doch Libussa die schönste unter ihnen. Bela rühmte sich vornehmlich der Kräuterkunde, wie in der Vorwelt Medea; sie kannte die verborgenen Kräfte derselben und wusste wirksames Gift und Gegengift daraus zu ziehen. Therba war sinnreich wie Circe, allerlei Zaubersprüche zu erdenken, die kräftig waren, den Elementen zu gebieten.

Libussa hatte nicht den stolzen, eitlen Sinn ihrer Schwestern. Ob sie gleich die nämlichen Fähigkeiten besass, in die Geheimnisse der Natur einzudringen und sich ihrer verborgenen Kräfte zu bedienen, so genügte ihr dennoch ihr Anteil an den wundersamen Gaben aus der mütterlichen Erbschaft, ohne solche höher zu treiben, um damit zu wuchern. Sie geizte nicht nach Reichtümern und wollte weder geehrt noch gefürchtet sein wie ihre Schwestern. Ihre Gemütsart war sanft und bescheiden.

Tief im Walde hatte ein alter Ritter, der mit dem Heer der Czechiten ins Land gekommen war, sich ein Landgut angelegt, wo er den Rest seiner Tage der Ruhe pflegen und vom Ertrag des Feldbaues sich zu nähren vermeinte. Ein gewaltsamer Grenznachbar bemächtigte sich seines Eigentums und vertrieb den Ritter daraus, den ein gastfreier Landmann aufnahm und ihm in seinem Hause Schirm und Obdach gab. Der dürftige Greis hatte einen Sohn, der sich rüsten wollte seinen Vater zu rächen. Der aber sprach: „Ziehe hin, mein Sohn, zum weisen Krokus, oder zu den klugen Jungfrauen, seinen Töchtern. Frage sie ob die Götter dein Unternehmen billigen." Der Jüngling machte sich auf und gelangte zuerst an den Palast von Bela. Er klopfte an, aber da der Türhüter sah, dass der Fremdling mit leerer Hand erschien, wies er ihn als einen Bettler ab und schlug die Tür vor ihm zu. Bei Therba erging es ihm nicht besser. Aber Libussa empfing den Fremdling freundlich und sprach: „Ich will das Buch des Schicksals für dich ratfragen und dir morgen Bescheid geben beim Aufgang der Sonne." Am frühen Morgen erteilte sie ihm diesen Bescheid: „Die Götter wollen nicht, dass du kämpfen sollst mit einem Gewalttätigen im Lande. Ziehe hin zu deinem Vater und sei der Trost seines Alters. Nimm zwei weisse Stiere aus meiner Herde zum Geschenk und diesen Stab, sie zu regieren, und wenn er blüht und Früchte trägt, wird der Geist der Weissagung auf dir ruhen." Der Jüngling bedankte sich und nahm Abschied. Er fand an der Pforte zwei grosse Stiere angebunden, so schmuck und glänzend als ehemals der göttliche Stier, auf dessen Rücken die Jungfrau Europa durch blaue Meeresfluten getragen wurde. Frohen Mutes löste er sie ab und trieb sie vor sich her. Der alte Ritter freute sich der Wiederkunft seines Sohnes, und noch mehr, als er vernahm dass der Ausspruch von Libussa mit seinen Wünschen übereintraf. Der Jüngling säumte nicht die weissen Stiere anzuschirren und an den Pflug zu spannen. Schon der erste Versuch geriet nach Wunsch. Die Stiere besassen so viel Kräfte und Munterkeit, dass sie an einem Tag mehr Land pflügten als zwölf Joch Ochsen gewöhnlich zu bewältigen vermögen.

Herzog Czech, der den Heereszug seines Volkes nach Böhmen geführt hatte, war ohne Erben entschlafen. Sobald das Trauergepränge geendigt war, versammelten sich die Stände, zu beratschlagen, wer den Fürstenthron wieder einnehmen sollte. Das Volk stimmte einmütig für eine Tochter des Krokus. Bela hatte die wenigsten Stimmen für sich, denn sie besass kein gutes Herz und bediente sich ihrer Talente oft um Schaden anzurichten. Therba war stolz und übermütig, begehrte wie eine Göttin verehrt zu sein, und wenn ihr nicht stets Weihrauch duftete, war sie launisch und missmutig. Sie wurde zwar weniger gefürchtet als ihre ältere Schwester, aber darum nicht mehr geliebt. Nun wurde Libussa proponiert. Sobald dieser Name ausgesprochen wurde, hörte man trauliches Flüstern im Walkreis und die ernsten Gesichter klärten sich auf. Der eine lobte ihre Sittsamkeit, der andere ihre Bescheidenheit, der dritte ihre Klugheit, der vierte ihre Unfehlbarkeit in der Weissagung, der fünfte ihre Uneigennützigkeit, der sechste rief mit lauter Stimme Libussa zur Herzogin von Böhmen aus. Allenthalben ertönte nun der freudige Volksruf: „Libussa sei unsere Herzogin!" Ein Ausschuss wurde abgeordnet, Libussa die Erhebung zur Fürstenwürde kundzutun. Das Volk huldigte ihr mit grossem Frohlocken, und obgleich ihre Schwestern sie beneideten und ihre Künste anwendeten sich an ihr zu rächen, so wusste Libussa doch diesem Beginnen weislich zu begegnen und alle feindseligen Anschläge dieser Unholdinnen zu vernichten, bis sie müde wurden, ihre unwirksamen Kräfte weiter an ihr zu versuchen.

Libussa regierte mit Weisheit und Güte. Viele Ritter trachteten danach sich mit ihr zu vermählen, und auch das Volk wünschte sich einen würdigen Ehemann an ihrer Seite zu sehen. Libussa befragte in dieser Sache das Buch des Schicksals. Danach legte sie all ihre Juwelen ab und schmückte ihr Haupt mit einer Myrtenkrone. Sie bestieg im Gefolge ihrer Jungfrauen, alle mit Blumenkränzen geschmückt, den Fürstenthron und sprach: „Wohlan, das Los ist geworfen. Die Götter haben dem Reiche Böhmen einen Fürsten ausersehen. Bestimmt einen Ausschuss von zwölf redlichen Männern aus eurer Mitte, dass sie eilen meinen Bräutigam aufzusuchen und zu meinem Thron zu geleiten. Mein Leibross soll ihnen den Weg zeigen, ledig und frei soll es vor ihnen hertraben, und zum Wahrzeichen, dass ihr gefunden habt, was ihr zu suchen ausgesandt seid, so merkt, dass der Mann, den die Götter euch zum Fürsten ausersehen haben, zur Zeit, wenn ihr euch ihm naht, sein Mahl halten wird auf einem eisernen Tisch unter freiem Himmel, im Schatten eines Baumes. Mein weisses Pferd wird ihn aufsitzen lassen und ihn hierher bringen."

Das Volk bestimmte nun die Ehrenboten, das edle Ross stund in Bereit-schaft, mit grosser Pracht gezäumt und geschmückt. Die Kavalkade setzte sich in Bewegung, das weisse Pferd trabte stolz voran. Die zwölf Botschafter wurden wacker gehetzt, sie machten einen Weg von vielen Meilen, schwammen durch die Moldau und die Elbe, und endlich sahen sie den Schimmel der Fürstin Libussa über ein frisch geackertes Feld traben und bei einem Pflüger stille stehen. Sie ritten hinzu und fanden einen Bauersmann auf dem Pfluge sitzen, der sein schwarzes Brot im Schatten eines Baumes verzehrte. Er schien an dem schönen Pferd Gefallen zu finden, bot ihm einen Bissen, und es frass aus seiner Hand. Die Gesandten nahten ihm ehrerbietig, der Älteste unter ihnen nahm das Wort und sprach: „Die Herzogin von Böhmen hat uns zu dir geschickt und lässt dir entbieten, der Wille und Ratschluss der Götter sei, dass du diesen Ackerpflug mit dem Throne ihres Reiches vertauschen sollst. Sie wählt dich zum Gemahl, mit ihr über Böhmen zu herrschen." Der junge Bauer erinnerte sich an die ihm von Libussa verheissene Gabe der Weissagung, und er bedachte, dass jetzt oder niemals solche in Erfüllung gehen müsse. Er ergriff seinen Stab, stiess ihn tief in den Acker, und siehe da! Alsbald gewann der Stab Knospen und trieb drei Äste mit Laub und Blüten. Er sprach: „Ihr Boten der Fürstin Libussa, vernehmt die Worte Primislas, des Sohns Mnathas, des ehrenfesten Ritters. Die drei Zweige des grünen Stabes verheissen eurer Fürstin drei Kinder aus meinen Lenden, das dritte wird des Thrones Erbe sein."

Die Sonne neigte sich bereits zum Untergang, als der Bräutigam mit Triumph in Vizegrad eingeführt wurde. Libussa befand sich eben im Garten, wo sie ein Körbchen reife Pfirsiche gepflückt hatte. Sie ging ihm entgegen mit allen Frauen des Hofs und empfing ihn als einen von den Göttern ihr zugeführten Gemahl. Die Hochzeit wurde mit grosser Pracht gefeiert. Das glückliche Paar lebte im Genuss unwandelbarer Liebe, und der Herzog Primislas wurde einer der tapfersten Ritter seiner Zeit. Der böhmische Hof war der glänzendste in Deutschland.

Libussa gründete die Stadt Praha oder Prag, die wohlbekannte Königsstadt an der Moldau. Sie wurde Mutter von drei Kindern und aus dem dritten sprosste ein Königsgeschlecht, das auf dem böhmischen Thron Jahrhunderte lang blühte.

In der *Chronika Boemorum* des Cosmas von Prag vom Beginn des 12. Jahrhunderts ist die Prophetin Libussa (Libuse, Libuscha) die Tochter des Richters Krok und die jüngere Schwester der Heilerin Kazi und der Priesterin Teta. Sie wird die Nachfolgerin ihres Vaters. In einer anderen Überlieferung ist Libussa die erste Königin von Böhmen und befreit das Land von einer schlimmen Seuche. Im alten Israel folgte die Zeit der Könige der Zeit der Richter, und der letzte Richter, Samuel, wurde zum Königsmacher und salbte zuerst Saul und später David zum König. Vielleicht haben auch im alten Böhmen die Könige die Richter abgelöst. Oder aber die Geschichte imitiert in diesem Punkt das damals allgemein bekannte „Buch der Könige" in der Bibel.

Aber in erster Linie ist Libussa die Tochter einer Dryade. Die Geschichte ihrer Mutter ist die Umkehrung von den Sagen von Apollon und Daphne, beziehungsweise Pan und Syrinx. Die Götter Apollon und Pan verfolgten mit einer Leidenschaft, die zur Besessenheit wurde, die Nymphen Daphne und Syrinx. Daphne wünschte keusch und frei zu leben wie die Zwillingsschwester von Apollon, Artemis. Ehe sie von Apollon eingeholt und überwältigt wurde, verwandelte sich Daphne, so heisst es in der Sage, in einen Lorbeerbaum. Syrinx wurde der Überlieferung zufolge in einer ähnlichen Situation zum Schilfrohr, aus welchem der grosse Gott Pan seine berühmte Flöte herstellte. Beide Sagen berichten vom grausamen Schicksal vieler Frauen und Mädchen im Patriarchat: Gewalt, Unterwerfung, oftmals damit verbunden der Tod. Es ist anzunehmen, dass sowohl Daphne wie auch Syrinx tatsächlich vergewaltigt und umgebracht wurden. Die Götter hatten nichts damit zu tun. Sie dienten, genau wie das heimliche Volk, die *Fairies* und Zwerge, als bequeme Ausreden oder Tarnkappen für Verbrechen. Die beiden Mädchen verschwanden, auf ihrem Grab wuchs eine Pflanze. Die Sage beschönigt meiner Meinung nach lediglich die brutalen Tatsachen.

Aber Libussas Mutter zeigt sich ganz freiwillig dem Mann, der ihr gefällt, dem sie geneigt ist. Sie wird von ihm verehrt und geliebt und verteidigt. Der Dichter Musäus ist ein Vorläufer der Romantik. Obwohl er zur Zeit der Aufklärung lebte, hat er offensichtlich mitgeholfen das Zeitalter der Romantik, welches die Natur als beseelt und göttlich wahrnahm, ins Leben zu rufen.

Ob die Dryaden tatsächlich entschlafen, wenn ihre Bäume sterben, darüber sind die Meinungen von spirituell interessierten und entwickelten Menschkindern sehr verschieden. Aber dass es Naturgeister tatsächlich gibt, darüber sind wir uns alle einig.

Die Dryade segnet die Träume von Krokus, sie zeigt ihm die nähere Zukunft und wenn sich eines seiner Pferde verirrt, so lässt sie ihn wissen, wo es zu finden ist. Wenn ihre Eiche nicht bedroht wäre, hätte der junge Mann vielleicht nie erfahren, wer ihm so treu zur Seite stand. Wir alle erhalten viel mehr Hilfe von der Natur als uns bewusst wird. Nur ab und zu werden uns gewisse Einblicke geschenkt. So wurde mir vor ein paar Wochen plötzlich offenbar, dass der Garten und der Wald, den wir hegen und bewohnen, mich oft und oft beschützt hat, in einer sehr direkten und machtvollen Art. Natürlich ist es auch für mich sehr wichtig Gegendienste zu leisten. Ich befreie die Bäume vom Efeu, aber nur dort, wo es angezeigt ist, denn Efeu ist ein wundervoller Lebensraum für viele Tiere, ausserdem kann Efeu nur blühen, wenn er von der Erde in den Himmel steigen darf. Regelmässig meditiere ich bei der Eberesche, die ich vor vielen Jahren gepflanzt habe, ich höre auf ihren Rat oder ihre Wünsche, ich verankere die heilige Geometrie der magischen Wälder in allen unseren Bäumen, widme mich regelmässig der Erdheilung, und ich werde nie aufhören Bäume, Sträucher, Blumen und Kräuter zu pflanzen und zu pflegen so lange ich lebe.

Für die Druiden waren alle Bäume heilig und heilend, aber die Eiche war ihnen besonders lieb und teuer. Das keltische Wort für Eiche *(Duir)* deutet daraufhin, dass die Eiche eine Türe in andere Welten und Dimensionen öffnet. *Duirwydd* (Eichen-Seher) ist vermutlich der Ursprung für den Begriff „Druide", denn durch das Rauschen ihrer Blätter vermittelte die Eiche oft prophetische Botschaften. Zauberstäbe und die Feuer der Sommer-Sonnwende waren aus Eichenholz. Mit einer goldenen Sichel schnitten die Druiden die ebenfalls goldenen Misteln mit den weissen Beeren von den Zweigen der Eiche. Im Ogham-Baum-Alphabeth und -Kalender gehört die Eiche zum Sommermond (vom 10. Juni bis 7. Juli), aber diese Überlieferung geht möglicherweise nur zurück bis zum späten 14. Jahrhundert und wurde populär durch das Buch von Robert Graves „Die weisse Göttin." Dieser Baum-Kalender beginnt im Dezember, aber das keltische Jahr begann im Herbst mit den drei heiligen Nächten von Halloween (30. Oktober bis 2. November). Dennoch wurde die „Weisse Göttin" von Robert Graves ganz sicher auch darum so berühmt, weil sie ein tiefes Verlangen der Menschen nach Baum-Weisheit befriedigt.

Eiche, Esche und Weissdorn bilden die sogenannte *Fairy Triad of Trees* (die Feen-Dreieinigkeit der Bäume). Die Eiche symbolisiert Stärke, Ausdauer, Treue und Mysterium.

Es ist gut und richtig, dass Musäus von der „mörderischen Axt" spricht, welche „die Wälder verheert". Einen gesunden Baum zu fällen ist Mord. Gewiss, auch ich brauche Papier, kaufe Bücher und verbrenne Holz. Aber es ist mir sehr wichtig Papier immer wieder neu zu verwenden und wenn möglich Holz von Bäumen zu verbrennen, die krank waren oder vom Sturm gefällt wurden.

Eines der schlimmsten Verbrechen der Menschheit ist die Zerstörung der Wälder. Zur Zeit von Musäus, er lebte von 1735 bis 1787, war vom Böhmer Wald, wie er sagt, nur noch ein Schatten übrig. Vom grossen Wald auf der irischen Halbinsel, wo wir leben, ist nur der Mythos erhalten geblieben. Es wird erzählt, dass damals ein Eichhörnchen ganz Irland von Küste zu Küste habe durchqueren können, ohne den Erdboden zu berühren. Im kleinen Wald, den mein Mann und ich in dreissig Jahren angepflanzt haben, stehen nur ganz vereinzelt ein paar alte Bäume, zumeist in Paaren, als *Lord and Lady Trees*.

Die Liebe des Krokus zur Eiche und seiner Dryade ist eine Empfindung, die für ihn völlig neu ist. Er ist wie ein Blinder, der zum ersten Mal die Schönheit der Erde erblickt. Ganz gewiss sind das die Hauptgründe für die menschliche Grausamkeit gegenüber Pflanzen und Tieren: Spirituelle Blindheit, Taubheit und eine erschreckende Gefühlsarmut. Eine rigorose Abspaltung von der Natur. Der Ursprung für diese Trennung ist oft ein unerhörter, untragbarer Schmerz. Wir flüchten uns in die Isolation. Das ist zwar verständlich, macht aber unsere Situation nur noch schlimmer. Meist unbewusst wiederholen solche Menschen die Verbrechen, die sie selber als Opfer erlebt haben: sie quälen, foltern, verderben und töten unschuldige Wesen und treiben den unheilvollen Kreislauf voran. Gibt es da noch einen Ausweg? Ein Kahuna-Heiler in Hawaii hat eine ganze Abteilung kriminell äusserst gefährlicher, geisteskranker Menschen geheilt ohne diese jemals zu sehen. Er verband sich mit Engeln und Lichtwesen und heilte jeden der gefährlich Kranken mit nur zwei Sätzen, die er lange Zeit wiederholte: „Es tut mir leid!" und „Ich liebe dich!"

Krokus vertraut seiner Liebe. Er gibt sogar seinen Beruf auf für sie. Auch das ist etwas, was wir im Allgemeinen nach wie vor eher umgekehrt erleben. Der Hollywood-Film *Stepmom* mit Julia Roberts und Susan Saradon ist ein gutes Beispiel für die typische altmodische Auffassung der Geschlechterrollen. Der Film zeigt eine junge Frau, die für ihre verwöhnten Stiefkinder ihren interessanten, kreativen Beruf aufgeben muss, während ihr Mann seine eher langweilige Beschäftigung beibehält. Nie stellt sich die Frage, warum es so sein muss. Sollte der einiges ältere Mann plötzlich sterben oder sich zum zweiten Mal scheiden lassen, steht die junge Frau auf der Strasse. Dass eventuell auch beide, der Mann und die Frau, weniger arbeiten könnten, darauf kommt niemand. Der Film ist ganz unkritisch. Er verkündet die alte Botschaft, dass der Beruf einer Frau weniger wesentlich ist als derjenige eines Mannes und dass eine Mutter Opfer bringen muss für Mann und Kinder. Dass die beiden Hauptdarstellerinnen, beide Mütter, nicht im Traum daran denken würden für ihre Familie ihre Berufe aufzugeben, ist interessant! Warum stellen sie im Film etwas dar, das sie niemals tun würden?

Für Krokus existiert das Problem der Arbeitsloigkeit nicht, denn seine Dryade ist sehr mächtig. Durch sie erschliesst sich für ihn eine neue Welt mit ungeahnten Möglichkeiten. Sie weiss, was sie sagt, wenn sie ihm verspricht, dass er es nie bereuen wird, wenn er den Dienst beim Herzog quittiert. Sie gibt ihm nicht nur das, was er sich wünscht, sondern auch das, was ihm am meisten hilft. Vielleicht erstaunt es, dass ich zwar die Wahrhaftigkeit der Sage von Apollon und Daphne bezweifle, aber diejenige von Libussa und

Krokus für durchaus wahrscheinlich halte. Dafür gibt es viele Gründe. Ich möchte hier nur zwei davon erwähnen. Erstens glaube ich nicht, dass Musäus oder ein anderer Dichter oder Erzähler die Geschichte der Libussa in dieser Form erfunden hat. Sie wurde zweifellos überliefert. Die ganze Begebenheit ist getragen von Liebe und Einsicht. Und ausserdem habe ich in einem früheren Leben das, was Musäus beschreibt, selber erlebt. Auch J. R. R. Tolkien schreibt, dass sich die Elfen in einer Liebesbeziehung zu einem Menschen verändern können. Auch er hat mit ziemlicher Sicherheit in der Vergangenheit ähnliche Erfahrungen gemacht.

Je mehr sich Krokus vergeistigt und aus dem Krieger allmählich ein hellsichtiger und hellhöriger Weiser wird, desto mehr Wirklichkeit bekommt seine geliebte Dryade. Sie nimmt für Krokus schliesslich eine irdische Gestalt an, sie manifestiert sich zum mindesten teilweise in der dreidimensionalen Wirklichkeit. Sie bekommt Kinder, die ihre Gaben erben und weitergeben. Krokus selber ist sehr grosszügig als Heiler und Ratgeber. Aber es ist vor allem Libussa, welche die Seele ihrer schönen Mutter aufs neue verkörpert. Sie lebt wie diese in beiden Reichen, in der geistigen und der materiellen Wirklichkeit. Tolkien beschreibt es so: „The Elven-wise, Lords of the Eldar from beyond the furthest seas ... those who have dwelt in the Blessed Realm live at once in both worlds, and against both the Seen and the Unseen they have great power" (die Elfen-Weisen, Ermächtigte der Eldar, der Erst-geborenen, von jenseits der fernsten Meere ... jene, die in den ewigen Reichen zu Hause sind, leben in beiden Welten und haben grosse Macht über das Sichtbare und das Unsichtbare).

Musäus erzählt den Rest der Sage in Anlehnung an viele andere Märchen, zum Beispiel das „Aschenbrödel" oder „Die Schöne und das Tier". Hier wie dort haben wir die eitlen und neidischen Schwestern der Heldin, die ihr auf alle Arten zu schaden versuchen. Aber Libussa wird natürlich trotzdem zur Herzogin von Böhmen und als solche auch zur obersten Richterin ihres Volkes. Dass die beiden älteren Schwestern der Libussa in der Erzählung von Musäus eine so schlechte Presse bekommen, hat möglicher-weise auch damit zu tun, dass zur Zeit des Dichters starke und unabhängige Frauen nicht erwünscht waren. Ich bezweifle auch sehr, dass Libussa selber hauptsächlich durch ihre Bescheidenheit und Sittsamkeit auf den Thron kam. Eine regierende Fürstin, die täglich mit ehrgeizigen, streitbaren Männern zu tun hat, braucht vor allem Mut, Standhaftigkeit und Zielstrebigkeit um sich zu behaupten und durchzusetzen.

Zum Schluss wird die Erzählung zur Liebesgeschichte. Die Herkunft von Libussa gerät dabei ziemlich in Vergessenheit. Zugleich mit der Eiche verschwindet die Dryade, und mit der neuen gesellschaftlichen Stellung der Herzogin verwelkt auch die Erinnerung an die einstige Einsiedelei des Krokus im Innern des böhmischen Waldes.

Dennoch ist der tiefere Sinn der Sage auch in der Liebesgeschichte noch vorhanden. Ein Bauer, ein Landmann wird zum fürstlichen Bräutigam. Dass Musäus aus dem Bauern unbedingt den Sohn eines Ritters machen muss, ist nicht nur unnötig, es ist schade. Noch peinlicher ist es, wenn Musäus, in seinem Eifer ein unterhaltsamer Geschichtenerzähler zu sein, uns glauben machen möchte, dass Libussa sich so in Primislas verliebt hat, dass sie eine Prophezeihung erfindet und ihr Pferd dressiert, um den Mann zu kriegen, den sie sich in den Kopf gesetzt hat. Das ist absurd. Die Voraussetzung für jede Art von echter Prophetie ist eine unbedingte Wahrheitsliebe. Um die Gabe der Weissagung zu erhalten und sie zu bewahren, muss ein Mensch die Wahrheit zum Fundament seines Charakters machen. Er muss nach Möglichkeiten alle Erwartungen und Vorurteile ablegen. Er muss den Mut haben vieles zu erkennen und wahrzunehmen, was er lieber nicht möchte. Er lernt das, was er in keiner Weise erwartet und auch das, was er aufgrund seiner Erziehung und Herkunft nicht glaubt, zu akzeptieren. Wahrheit ist nicht richtig oder falsch, sie ist das, was mit dem allerinnersten Kern unseres Seins, mit der Essenz unserer Seele vollkommen im Einklang ist. Ich habe daher diesen Ausrutscher von Musäus ganz einfach übergangen. Er hat nichts mit der Sage von Krokus, Libussa und Primislas zu tun. Der Tempel der Sophia, der göttlichen Weisheit, ist ein Ort der tiefsten Stille. Daher findet ihn Krokus im Herzen des heiligen Waldes. Und auch die Botschafter der Libussa finden ihren zukünftigen Gemahl unter einem Baum.

Das Märchen von dem Myrtenfräulein

Clemens Brentano

Im sandigen Land, wo nicht viel Grünes wächst, wohnten einige Meilen von der porzellanenen Hauptstadt, wo der Prinz Wetschwuth residierte, ein Töpfer und seine Frau mitten auf ihrem Tonfeld neben ihrem Töpferofen, beide ohne Kinder, einsam und allein. Das Land war ringsum so flach wie ein See, kein Baum und kein Busch war zu sehen, und es war gar betrübt und langweilig. Täglich beteten die guten Leute zum Himmel, er möge ihnen doch ein Kind bescheren, damit sie eine Unterhaltung hätten, aber der Himmel erhörte ihre Wünsche nicht. Der Töpfer verzierte alle seine Gefässe mit schönen Engelsköpfen und die Töpferin träumte alle Nacht von grünen Wiesen und anmutigen Gebüschen und Bäumen, bei welchen Kinder spielten; denn wonach das Herz sich sehnt, das hat man immer vor Augen.

Einstens hatte der Töpfer seiner Frau zwei schöne Werke auf ihren Geburtstag verfertigt, eine wunderschöne Wiege von dem weissesten Ton, ganz mit goldenen Engelsköpfen und Rosen verziert, und ein grosses Gartengefäss aus rotem Ton, rings mit bunten Schmetterlingen und Blumen bemalt. Sie machte ein Bettchen in die Wiege und füllte das Gartengefäss mit der besten Erde, die sie selbst stundenweit in ihrer Schürze herbeitrug, und so stellte sie die beiden Geschenke neben ihre Schlafstelle, in beständiger Hoffnung, der Himmel werde ihr ihre Bitte gewähren; und so betete sie auch einst abends von ganzer Seele:

> „Herr! Ich flehe auf den Knien,
>
> schenke mir ein liebes Kind!
>
> Fromm will ich es auferziehen :
>
> Ist's ein Mägdlein, dass es spinnt
>
> Einen klaren reinen Faden
>
> Und dabei hübsch singt und betet;
>
> Ist's ein Sohn durch deine Gnaden,
>
> dass er kluge Dinge redet

und ein Mann wird treu von Worten,

stark von Willen, kühn von Tat,

der geehrt wird allerorten,

wie im Kampfe, so im Rat.

Herr! Bereitet ist die Wiege,

gib, dass mir ein Kind drin liege!

Ach, und sollte es nicht sein,

gib mir doch nur eine Wonne,

wär's auch nur ein Bäumelein,

das ich in der lieben Sonne

könnte ziehen, könnte pflegen,

dass ich mich mit meinem Gatten

einst im selbsterzognen Schatten

unter ihm ins Grab könnt legen."

So betete die gute Frau unter Tränen und ging zu Bett. In der Nacht war ein schweres Gewitter, es donnerte und blitzte, und einmal fuhr ein heller Glanz durch die Schlafkammer. Am andern Morgen war das schönste Wetter, ein kühler Wind wehte durch das offene Fenster, und die gute Töpferin lag in einem süssen Traum, als sitze sie unter einem schönen Myrtenbaum bei ihrem lieben Mann. Da säuselte das Laub um sie, und sie erwachte, und siehe da! Ein frisches, junges Myrtenreis lag neben ihr auf dem Kopfkissen und spielte mit seinen zarten, im Winde bewegten Blättern um ihre Wangen. Da weckte sie mit grossen Freuden ihren Mann und zeigte es ihm, und sie dankten Gott auf ihren Knien, dass er ihnen doch etwas Lebendiges geschenkt hatte, das sie könnten grünen und blühen sehen. Sie pflanzten das Myrtenreis mit der grössten Sorgfalt in das schöne Gartengefäss, und es war täglich ihr liebstes Geschäft, das junge Stämmchen zu begiessen und in die Sonne zu setzen und vor rauhen Winden zu schützen. Das Myrtenreis wuchs zusehends unter ihren Händen und duftete ihnen Fried und Freude ins Herz.

Da kam einstens der Landesherr, Prinz Wetschwuth, in diese Gegend mit einigen Gelehrten, um neue Porzellanerde zu entdecken; denn es wurden in seiner Hauptstadt Porzellania so viele Häuser davon gebaut, dass diese Erde in der Nähe der Stadt selten geworden war. Da er in die Wohnung des Töpfers eintrat, ihn um seinen Rat zu fragen, ward er bei dem Anblick des Myrtenbäumchens so durch dessen Schönheit hingerissen, dass er alles andere vergass und in lauter Verwunderung ausrief: „O wie lieblich, wie reizend ist diese Myrte! Ihr Anblick hat für mein Herz etwas ungemein Erquickendes, ich möchte immer in der Nähe dieses Baumes leben – nein, ich kann ihn nicht entbehren, ich muss ihn besitzen, und müsste ich ihn mit einem Auge erkaufen!" Nach diesem Ausruf fragte er sogleich den Töpfer und seine Frau, was sie für die Myrte verlangten. Diese guten Leute erklärten auf die bescheidenste Weise, dass sie den Baum nicht verkaufen wollten und dass er das Liebste sei, was sie auf Erden hätten. „Ach", sagte die Töpferin, „ich könnte nicht leben, wenn ich meine Myrte nicht vor mir sähe, sie ist mir so lieb und wert, als wäre sie mein Kind, und kein Königreich nähme ich für diese meine Myrte." Da der Prinz Wetschwuth dies hörte, ward er sehr traurig und begab sich nach seinem Schlosse zurück. Seine Sehnsucht nach der Myrte war so gross, dass er in eine Krankheit fiel, und das ganze Land um ihn bekümmert wurde.

Da kamen Abgesandte zu dem Töpfer und seiner Frau und forderten sie auf, die Myrte dem Prinzen zu überlassen, damit er nicht vor Sehnsucht sterben möchte. Nach langen Unterhandlungen sagte die Frau: „Wenn er die Myrte nicht hat, so muss er sterben, und wenn wir die Myrte nicht haben, so können wir nicht leben. Will der Prinz nun die Myrte haben, so muss er uns auch mitnehmen, wir wollen sie ihm überbringen und ihn anflehen, dass er uns als treue Diener in sein Schloss aufnehme, damit wir die geliebte Myrte dann und wann sehen und uns an ihr erfreuen können."

Das waren die Abgesandten zufrieden, sie schickten gleich einen Reiter in die Stadt mit der frohen Nachricht, die Myrte werde ankommen, der Prinz sollte Mut fassen. Nun stellte der Töpfer das Gefäss mit der Myrte auf eine Tragbahre, über welche die Frau ihre schönsten seidenen Tücher gebreitet hatte, und sie trugen beide, nachdem sie ihre Hütte verschlossen hatten, den geliebten Baum nach der Stadt, wohin sie von den Abgesandten begleitet wurden. Von der Stadt kam ihnen der Prinz selbst in einem Wagen entgegen und hatte ein goldenes Giesskännchen in der Hand, womit er die geliebte Myrte begoss, bei deren Anblick er sich sichtbar erholte. Vier weissgekleidete, mit Rosen geschmückte Jungfrauen kamen mit einem rotseidenen Traghimmel, unter welchem die Myrte nach dem Schloss getragen wurde. Kinder streuten Blumen, und alles Volk war froh und warf die Mützen in die Höhe.

Nur neun Fräulein in der Stadt waren nicht bei der allgemeinen Freude zugegen, denn sie wünschten, dass die Myrte verdorren möchte, weil der Prinz, ehe er die Myrte gesehen hatte, sie oft besuchte und jede von ihnen gehofft hatte, einst Beherrscherin der Stadt Porzellania zu werden. Seit aber von der Myrte die Rede war, hatte er sich nicht mehr um sie gekümmert.

Der Prinz liess die Myrte an das Fenster seiner Stube stellen und gab dem Töpfer und seiner Frau eine Wohnung im Schlossgarten, aus deren Fenster sie die Myrte immer erblicken konnten, womit die guten Leute denn auch wohl zufrieden waren.

Der Prinz war bald wieder ganz gesund; er pflegte den Baum mit einer unbeschreiblichen Liebe und Sorgfalt; auch wuchs dieser und breitete sich aus zu aller Freude. Einstens setzte sich der Prinz abends neben dem Baum auf sein Ruhebett. Alles war ruhig im Schloss; und er entschlummerte in tiefen Gedanken. Da nun die Nacht alles bedeckt hatte, hörte er ein wunderbares Säuseln in seinem Baum und erwachte und lauschte; da vernahm er eine leise Bewegung in seiner Stube herum und ein süsser Duft breitete sich umher. Er war stille, stille und lauschte immerfort; endlich, da es wieder so wunderbar in der Myrte säuselte, begann er zu singen:

> „Sag, warum dies süsse Rauschen,
> meine wunderschöne Myrte!
> O mein Baum, für den ich glühe!"

Da klang eine liebliche leise Stimme zurück:

„Dank will ich für Freundschaft tauschen

meinem wunderguten Wirte,

meinem Herrn, für den ich blühe!"

Da war der Prinz über die Stimme so entzückt, dass es nicht auszusprechen ist; aber bald ward seine Freude noch viel grösser, denn er bemerkte, dass sich jemand auf den Schemel zu seinen Füssen setzte, und da er die Hand darnach ausstreckte, ergriff eine zarte Hand die seinige und führte sie an die Lippen eines Mundes, welcher sprach: „Mein teurer Herr und Prinz! Frage nicht, wer ich bin; erlaube mir nur dann und wann in der Stille der Nacht zu deinen Füssen zu sitzen und dir zu danken für die treue Pflege, welche du mir in der Myrte bewiesen; denn ich bin die Dryade dieser Myrte. Aber mein Dank für deine Zuneigung ist so gewachsen, dass er keinen Raum mehr in diesem Baum hatte, und so hat mir der Himmel vergönnt, in menschlicher Gestalt dir manchmal nahe zu sein." Der Prinz war entzückt über diese Worte und pries sich unendlich glücklich durch dieses Geschenk der Götter. Sie unterhielten sich einige Stunden, und sie sprach so weise und klug, dass er vor Begierde brannte, sie von Angesicht zu Angesicht zu sehen. Das Myrtenfräulein aber sagte zu ihm: „Lass mich erst ein kleines Lied singen, dann kannst du mich sehen:

„Säusle, liebe Myrte!

Wie still ist's in der Welt,

der Mond, der Sternenhirte,

auf klarem Himmelsfeld,

treibt schon die Wolkenschafe

zum Born des Lichtes hin,

schlaf, mein Freund, o schlafe,

bis ich wieder bei dir bin."

Dazu säuselte die Myrte, und die Wolken trieben so langsam am Himmel hin, und der Springbrunnen plätscherte so leise im Garten, und der Gesang war so sanft, dass der Prinz einschlief, und als er kaum nickte, erhob sich das Myrtenfräulein leise vom Schemel und begab sich wieder in die Myrte.

Als der Prinz am Morgen erwachte, erblickte er den Schemel leer zu seinen Füssen, und er wusste nicht, ob das Myrtenfräulein wirklich bei ihm gewesen war oder ob er nur geträumt habe. Aber da er das Bäumchen ganz mit Blüten übersät sah, die in der Nacht aufgegangen waren, ward er der Erscheinung immer gewisser. Nie ward die Nacht so sehnsüchtig erwartet als von ihm. Er setzte sich schon gegen Abend auf sein Ruhebett und harrte. Endlich war die Sonne hinunter, es dämmerte, es ward Nacht. Die Myrte säuselte, und das Myrtenfräulein sass zu seinen Füssen und erzählte ihm so schöne Sachen, dass er nicht genug zuhören konnte, und als er sie wieder bat, Licht anzünden zu dürfen um sie zu sehen, sang sie ihm wieder ein Liedchen:

„Säusle, liebe Myrte!
Und träum im Sternenschein,
die Turteltaube girrte
auch ihre Brut schon ein.
Still ziehn die Wolkenschafe
Zum Born des Lichtes hin,
schlaf, mein Freund, o schlafe,
bis ich wieder bei dir bin.“

Da schlummerte der Prinz wieder ein und erwachte am Morgen wieder mit gleicher Überraschung und erwartete die Nacht wieder mit gleicher Sehnsucht. Aber es ging ihm auch diesmal wie in der ersten und zweiten Nacht, sie sang ihn immer in den Schlaf, wenn er sie zu sehen verlangte. Sieben Nächte ging dies so fort, während welchen sie ihm so vortreffliche Lehren über die Kunst zu regieren gab, dass seine Begierde sie zu sehen noch grösser ward. Er liess daher am andern Tage an die Decke seiner Stube ein seidenes Netz befestigen, welches er ganz leise niederlassen konnte, und so erwartete er die Nacht. Als das Myrtenfräulein wieder zu seinen Füssen sass und ihm die tiefsinnigsten Lehren über die Pflichten eines guten

Fürsten gegeben hatte, wollte sie ihm wieder das Schlaflied singen, aber er sprach zu ihr: „Heute will ich einmal singen", und sie gab es schliesslich zu; da sang er folgendes Liedchen:

„Hörst du, wie die Brunnen rauschen?

Hörst du wie die Grille zirpt?

Stille, stille, lass uns lauschen!

Selig, wer in Träumen stirbt;

Selig, wen die Wolken wiegen,

wem der Mond ein Schlaflied singt!

Oh! Wie selig kann der fliegen,

dem der Traum den Flügel schwingt,

dass an blauer Himmelsdecke

Sterne er wie Blumen pflückt :

Schlafe, träume, flieg, ich wecke

bald dich auf und bin beglückt."

Und dies Lied wirkte so durch die sanfte Weise, in welcher er es sang, dass das Myrtenfräulein zu den Füssen des Prinzen entschlummerte; da liess er das Netz nieder über sie und zündete sein Lampe an, und, o Himmel! Was sah er? Die wunderschönste Jungfrau, welche jemals gelebt, im Antlitz wie der klare Mond so mild und rein, Locken wie Gold um die Stirne spielend und auf dem Haupt ein Myrtenkrönchen; sie hatte ein grünes Gewand an, mit Silber gestickt, und ihre Hände gefaltet wie ein Engelchen. Lange betrachtete er seine Freundin und Lehrerin mit stummem Erstaunen, dann konnte er seine Freude nicht mehr fassen, er brach in lauten Jubel aus und rief: „O Tugend! O Weisheit! Wie schön ist deine Gestalt, wer kann leben ohne dich, wenn er dich einmal erblickte!"

Dann ergriff er ihre Hand und steckte ihr einen Siegelring an den Finger und sprach: „Erwache, o meine holdselige Freundin! Nimm meinen Thron und meine Hand und verlasse mich nie wieder!" Da erwachte das Myrtenfräulein, und als es das Licht erblickte, errötete es über und über und blies die Lampe aus. Dann klagte sie, dass er sie gefangen habe, und sagte: „Daraus wird gewiss Unglück kommen", aber der Prinz bat sie so sehr um Vergebung, bis sie ihm verzieh und versprach, die Fürstin seines Landes zu werden, wenn ihre Eltern es erlaubten. Er sollte nun alle Anstalten zur Hochzeit machen, und dann ihre Eltern fragen, bis dahin sollte er sie aber nicht wiedersehen. Der Prinz willigte in alles ein und fragte sie, wie er sie rufen solle, wenn er alle Anstalten getroffen habe, und sie sagte: „Befestige eine kleine Silberglocke an die Spitze meines Bäumchens, und sobald du klingelst, werde ich dir erscheinen." Nun zerriss sie das Netz, der Baum rauschte, und fort war das Myrtenfräulein.

Der Tag war kaum angebrochen, als der Prinz auch schon alle seine Minister und Räte zusammenberief und ihnen bekanntmachte, dass er sich nächstens zu vermählen gedenke und dass sie alle Anstalten zu dem prächtigsten Hochzeitsfeste treffen sollten, das jemals im Lande gewesen. Die Räte waren sehr erfreut darüber und fragten ihn um den Namen der Braut, damit sie ihren Namenszug bei der Illumination anbringen könnten. Da sagte der Prinz: „Der erste Buchstabe ihres Namens ist M, und es sollen beim Feste überall Myrtenzweige hingemalt werden, wo es sich schickt." Da wollten die Herren ihn verlassen, als plötzlich eine Botschaft kam, dass ein wildes Schwein in dem fürstlichen Tiergarten toll geworden wäre und in dem darin befindlichen gläsernen Lusthause alles chinesische Porzellan zertrümmet habe; es sei äusserst nötig, es sogleich zu erlegen, damit es nicht andere Schweine beisse und auch toll mache, welche dann leicht die ganze Stadt Porzellania über den Haufen werfen könnten. Da durfte der Prinz nicht länger zaudern; er befahl seinen Räten, einstweilen die Hochzeit zuzubereiten und zog mit seinen Jägern hinaus auf die Jagd.

Als der Prinz aus dem Schloss ritt, lagen die neun bösen Fräulein, welche sich nicht mitgefreut hatten, als die Myrte so feierlich in die Stadt gebracht wurde, sehr schön geputzt am Fenster, in der Hoffnung, der Prinz werde sie bemerken und grüssen. Aber vergebens, wenn sie sich auch noch so weit herauslegten, dass sie leicht hätten auf die Strassen fallen können. Der Prinz tat nicht, als wenn er sie bemerkte. Hierüber aufgebracht, kamen sie zusammen und fassten den Entschluss sich zu rächen. Die Geschichte mit dem toll gewordenen Schwein war auch nur von ihnen ausgesprengt, damit der Prinz, der sich gar nicht mehr sehen liess, über die Strasse reiten sollte. Sie hatten das chinesische Porzellan in dem Lusthaus durch ihre Diener zerschlagen lassen. Als sie eben versammelt waren, trat der Vater der Ältesten, der einer der Minister war, herein und machte den Damen bekannt, sie möchten sich zum Hochzeitsfest des Prinzen vorbereiten; der Prinz werde eine Prinzessin M. heiraten, auch sei von vielen Myrten-verzierungen bei der Illumination die Rede. Kaum waren sie wieder allein, als sie ihrem ganzen Zorn den Lauf liessen; denn sie hatten sich alle neun eingebildet, den porzellanen Thron zu besteigen. Sie beschlossen bei Nacht in die Stube des Prinzen einzudringen und beredeten noch ein zehntes junges Fräulein mitzugehen. Sie verschwiegen jedoch ihr Vorhaben. Sie nahmen sie nur mit um sie dort zurückzulassen, als habe sie alles getan.

In der Stube des Prinzen fanden sie nichts ausser der Myrte. An dieser liessen sie all ihren Grimm aus, rissen ihr Zweige und Blätter ab, und als sie auch den Wipfel herunterrissen, klingelte das Glöckchen, und die Dryade der Myrte, welche glaubte, es sei dies das Zeichen zu ihrer Hochzeit, trat plötzlich aus der Myrte. Anfangs verwunderten sich die bösen Geschöpfe, aber bald waren sie einig, dieses müsste die zukünftige Fürstin sein, und somit fielen sie über sie her und ermordeten sie auf die unbarmherzigste Weise. Jede nahm sich einen Finger der Dryade mit. Das zehnte Fräulein half ihnen nicht bei ihrem grausigen Werk, sondern jammerte und weinte, wofür die neun sie dann einsperrten und entwichen.

Als der Kammerherr des Prinzen in die Stube trat, war sein Entsetzen unbeschreiblich, da er das zerfleischte Myrtenfräulein in ihrem Blut liegen und den Myrtenbaum zerknickt und entblättert sah. Er wusste nicht, was dies sein konnte, denn er wusste nichts über die Dryade der Myrte. Da erzählte ihm das junge Fräulein, welches weinend in einer Ecke sass, alles. Sie nahmen unter bitteren Tränen alle Glieder und Knochen der Unglücklichen zusammen und begruben sie unter den zerstörten Myrtenbaum in das Gefäss, so dass alles einen kleinen Grabhügel bildete. Sodann flohen sie in grosser Angst miteinander. Doch nahm das Fräulein eine Locke der Gemordeten zum Andenken mit.

Unterdessen waren die Vorbereitungen zu der Hochzeit beinahe fertig, und der Prinz, der das wilde Schwein vergeblich gesucht hatte, kehrte nach der Stadt zurück. Sein erster Gang war zu dem guten Töpfer und seiner Frau, welchen er seine Geschichte mit dem Myrtenfräulein erzählte und sie um die Hand ihrer Tochter bat. Die guten Leute waren vor Entzücken fast ausser sich, als sie vernahmen, dass in ihrem Myrtenbaum ihnen eine Tochter erwachsen sei, und wussten nun, warum sie denselben so ungemein liebgehabt hatten. Freudig willigten sie in die Bitte des Prinzen ein und begleiteten ihn in das Schloss, um ihre wunderbare Tochter zu sehen. Als sie nun zusammen in das Zimmer traten, wo die Myrte stand, sahen ihre Augen ein trauriges Schauspiel: am Boden noch viele blutige Spuren und der geliebte Baum entblättert und verletzt, neben ihm ein Grabhügel. Der Prinz rief, der Töpfer rief, die Töpferin rief: „O meine geliebte Braut! O mein teures Kind! Mein einziges liebes Töchterchen! O wo bist du, lass dich sehen vor deinen unglücklichen Eltern!" Aber nichts rührte sich, und ihre Verzweiflung war unbegrenzt. Die drei armen Unglücklichen sassen nun ganze Tage und begossen den Myrtenbaum mit ihren Tränen und das ganze Land ward bestürzt und traurig.

Unter solchen Schmerzen pflegten und hegten der Prinz und der Töpfer nebst seiner Frau den kranken Myrtenbaum auf das zärtlichste, und er begann wieder Zweige zu treiben, worüber sie sehr erfreut wurden, und er war schon wieder ganz hergestellt, nur fehlten ihm an dem Wipfel einige Blätter, und an einem seiner Hauptäste fünf Sprossen und an dem anderen vier, neben welchem der fünfte zu keimen anfing. Diesen fünften Spross beobachtete der Prinz alle Tage, und wie entzückt war er, als er eines Morgens diesen Spross ganz erwachsen und den Ring, den er dem Myrtenfräulein gegeben, an demselben wie an einem Finger befestigt sah. Sein Entzücken war unbeschreiblich, denn er glaubte nun, das Myrtenfräulein müsse noch leben. In der nächsten Nacht sass er mit dem Töpfer und der Töpferin bei dem Baum, und sie flehten die Myrte so zärtlich um ein Lebenszeichen an, dass der Baum endlich zu säuseln begann und folgende Worte sang:

„Habt Erbarmen,

an zwei Armen

fehlen mir neun Fingerlein.

Lieber Prinz! In deinem Reiche

Wachsen jetzt neun Myrtenzweige,

und sie sind mein Fleisch und Bein.

Habt Erbarmen,

schafft mir Armen,

wieder die neun Fingerlein."

Der Prinz und ihre Eltern waren durch dies traurige Lied sehr gerührt, und der Prinz liess den andern Tag im ganzen Land bekanntmachen, wer ihm die schönsten Myrtenzweige bringe, den wolle er mit seiner königlichen Hand belohnen. Dieses kam auch zu den Ohren der Mordfräulein, und sie waren sehr froh darüber; denn sie hatten die neun Finger des Myrtenfräuleins, jede den ihren, in einen Topf mit Erde vergraben, und es waren kleine Myrtensprossen daraus gewachsen. Sie putzten sich gleich und kamen eine nach der andern mit ihren Myrtenzweigen ins Schloss, denn sie glaubten, die Worte des Prinzen wollten soviel sagen, er wolle die Überbringerin der schönsten Myrte heiraten. Der Prinz liess ihnen die Myrtenzweige abnehmen und versprach ihnen Antwort sagen zu lassen; sie möchten sich nun zum Feste vorbereiten. Als er nun alle die neun Zweige neben den grossen Baum gestellt hatte, sprach die Stimme aus dem Baum:

„Willkommen, willkommen, neun Zweigelein!

Willkommen, willkommen, neun Fingerlein!

Willkommen, willkommen, mein Fleisch und Bein!

Willkommen, willkommen, zum Topf herein!"

Da begrub der Prinz die neun Zweige und die neun Finger unter die Myrte, welche noch denselben Tag die neun fehlenden Sprossen trieb. Nun aber kam noch das jüngste Fräulein, welches nur die Haarlocke genommen und ihr den Ringfinger gelassen hatte, und warf sich dem Prinzen zu Füssen, gab die Locke in seine Hand und erzählte ihm, wie die ganze Mordtat geschehen sei. Sie bat ihn dem entflohenen Kammerdiener zu verzeihen und sie mit demselben zu vermählen. Da gab ihr der Prinz einen Gnadenbrief, und sie lief zu ihm in den Wald, wo er sich in einem hohlen Baum versteckt hatte, in den sie ihm täglich zu essen gebracht. Der Kammerdiener erfreute sich sehr über sein Glück und kam wieder in die Stadt. Als aber der Prinz die Haarlocke auch vergraben hatte, sprach die Myrte:

> „Nun bin ich ganz
>
> im alten Glanz,
>
> bring mir den Kranz
>
> und führe mich zum Hochzeitstanz."

Da liess der Prinz ein grosses Fest vor allem Volke im Schlossgarten ansagen. Da alles versammelt war, ward die Myrte unter den Thronhimmel gestellt, und der schönste Blumenkranz, mit Gold durchwunden, ward ihr von dem Töpfer und der Töpferin aufgesetzt, und als dies kaum geschehen war, trat das Myrtenfräulein, wie die schönste Braut geschmückt, aus dem Baum hervor und ward von ihren Eltern, welche sie noch nie gesehen hatten, unter Freudentränen, und dann von dem glücklichen Prinzen als seine Braut herzlich umarmt. Da standen die neun Mordfräulein wie auf heissen Kohlen; der Prinz aber sprach: „Was verdient der, welcher diesem Myrtenfräulein etwas zuleide tut?" und einer sagte da nach dem andern irgendeine harte Strafe, und als die Frage an die neun Fräulein kam, sagten sie alle zusammen: „Dass ihn die Erde verschlinge und seine Hand aus der Erde wachse." Kaum hatten sie es gesagt, als die Erde sie auch verschlang und über ihnen Fünffingerkraut hervorwuchs. Nun wurde die Hochzeit gehalten, und der Kammerherr hielt mit dem jüngsten Fräulein auch Hochzeit. Es schenkte dem Prinzen der Himmel auch bald ein kleines Myrtenprinzchen, das ward in der schönen Wiege des alten Töpfers gewiegt, und das ganze Land war froh und glücklich.

Der Myrtenbaum aber ward bald so stark und gross, dass man ihn ins freie Feld setzen musste. Da begehrte die Prinzessin Myrte, dass er neben die *ehemalige Hütte ihrer Eltern gesetzt werde; das geschah auch, und die Hütte ward zu einem schönen Landhaus verändert, und endlich ward aus dem Myrtenbaum ein Myrtenwald, und die Enkel des Töpfers und seiner Frau spielten darin, und die beiden guten Leute wurden dort, wie sie gewünscht hatten, unter dem Myrtenbaum begraben. Der Prinz und das Myrtenfräulein ruhen wohl auch schon dort, wenn sie nicht mehr leben sollten, woran ich nicht zweifle; denn es ist schon sehr lange her.*

Der Ursprung des Myrtenbaumes ist in einer griechischen Sage so beschrieben: Myrta war dereinst die Tochter eines Königs von Zypern. Ihr Vater aber missbrauchte und schwängerte sie. Als er sie erschlagen wollte, um sein Verbrechen vom Erdboden verschwinden zu lassen, wurde Myrta von der Liebesgöttin Aphrodite in einen wunderschönen Baum mit weissen Blüten und einer samtzarten, orangefarbenen Rinde verwandelt. Die Göttin, die im Meer an der Küste von Zypern geboren wurde (ihr Name ist auch *Cythera*), nahm sich auch des ungeborenen Kindes an.

Der Myrtenbaum verbreitet sich gerne über weite Gefilde, und es gibt liebliche Myrtenwälder bei uns in Irland. Auch in unserem Garten ist die Myrte gut vertreten. Die Blütenzweige der Myrte waren früher als Brautkränze sehr beliebt, und jedes junge Mädchen zog sich einen kleinen Myrtenbaum zu diesem Zweck. Die Myrte ist die unorthodoxe Schutzheilige der jungen unschuldigen Mädchen.

In der zypriotischen Sage wird das Mädchen zum Baum, im Märchen vom Myrtenfräulein ist es umgekehrt: der Baum wird zum Mädchen. Das Myrtenbäumchen in unserem Märchen wird mit derselben Freude und Sorgfalt erwartet und gepflegt wie ein Töchterchen. In einem mit den innigsten Wünschen und Absichten handgefertigten Gefäss aus rotem Ton, das mit bunten Schmetterlingen und Blumen bemalt ist, bekommt es die beste Erde, die von der jungen Frau stundenweit gesucht und in ihrer Schürze herbeigetragen wird. Das Gebet, das die Pflanze ebenso liebevoll willkommen heisst wie ein kleines Kind, wird erhört. Es ist einzig etwas seltsam, dass das Gebet der Frau an einen Gott im Himmel gerichtet ist, aber ganz offensichtlich von der lieben Erde beantwortet wird.

Die Eltern des Myrtenfräuleins sind Töpfer. Es gibt viele Schöpfungsmythen, die berichten, dass die ersten Menschen aus Ton angefertig wurden. Der altaegyptische Fruchtbarkeitsgott Min wird daher oft als Töpfer dargestellt. Es gibt auch Sagen, die erzählen, dass Mann und Frau aus Bäumen, nämlich aus Ask und Embla, aus Esche und Ulme entstanden sind.

Auch König David kannte, wie Prinz Wetschwuth, die Qualen einer verzehrenden Liebe nach einem Wesen, das in die Obhut eines anderen gegeben wurde. König David reisst die schöne Frau eines armen Mannes ohne weiteres an sich und lässt ihren Ehemann umbringen. Prinz Wetschwuth dagegen ist ein hellsichtiger, edler Mensch, der zwar die Schönheit der wundervollen Pflanze vollkommen wahrnimmt, aber lieber krank wird und umkommt als sich an ihr zu vergreifen. Und wenn der Myrtenbaum schliesslich dennoch als Geschenk in sein Schloss gebracht wird, dann kommen die beiden Töpfer, die ihn aufzogen, mit ihm und wohnen dicht bei ihm. Geteilte Freude ist doppelte Freude.

Der Myrtenbaum ist mehr wert als ein Königreich. Dieser Ausspruch der Töpferin könnte heute zum Motto einer neuen Erde werden, denn nie waren die Wälder so bedroht, wie eben jetzt, und nie lebten gleichzeitig so viele Menschen, die sich langsam aber sicher wieder bewusst werden, wie unschätzbar hoch der Wert jedes einzelnen Baumes und jeder einzelnen Pflanze ist.

Die Myrte nimmt Gestalt an durch die Liebe des Prinzen und durch den Zauber der Musik. Aber wie der Liebesgott Eros im Märchen von Apuleius' „Eros und Psyche" oder wie der verwunschene Prinz im verwandten Märchen „East of the Sun, West of the Moon" (Östlich der Sonne, westlich des Mondes), so muss auch in unserem Märchen die Geliebte zunächst im Schutz der Nacht und der Dunkelheit kennengelernt werden. Grosses Unglück entsteht in den beiden erstgenannten Märchen, sobald ein Licht entzündet wird.

Wie die Dryade der Eiche, die Mutter der Libussa, ist das Myrtenfräulein weise und einsichtig, und wie Libussa selber, die erste Königin von Böhmen, versteht sie die Kunst des Regierens. Im Grunde ist diese Kunst einfach zu erlernen, eine gute Königin ist eine gute Mutter für ihr Land und alle seine Bewohner. Sie ist die Henne, die ihre Kücken unter die Flügel nimmt, wenn Gefahr droht.

Was wir nie gesehen haben, können wir nicht vermissen. Aber wenn wir das Wunderbare von Angesicht zu Angesicht erblicken, so wie der Prinz die Dryade der Myrte, dann wird das Leben ohne diese Erfüllung unserer tiefsten Sehnsucht zu einer Qual, die sich kaum mehr ertragen lässt. Viele Menschen sind nach einem sogenannten Nahtod-Erlebnis fürchterlich enttäuscht, weil ihnen etwas zutiefst Beglückendes wieder entrissen wurde. Sie können nicht mehr essen und trinken, und ihre Sehnsucht gilt einzig dem Leben nach dem Tod.

Clemens Brentano war italienischer Abstammung und ein tief religiöser Mensch. Er schrieb zunächst unter dem Pseudonym „Maria". Am Ende seines Lebens lebte er in klösterlicher Abgeschiedenheit. Er fühlte sich zur seligen Anna Katharina Emmerich hingezogen, und es gibt umfangreiche Aufzeichnungen Brentanos von den Visionen der Seligen. Auf Grund dieser Visionen wurde später das einstige Wohnhaus von Maria, der Mutter Christi, in Ephesus gefunden. Das Wunderbare, das Brentano beschreibt, ist ihm vertraut und nahe. Die selige Anna Katharina hat, wie andere Heilige, die Wundmale Christi empfangen und lebte jahrelang nur von der geweihten Hostie, dem Leib Christi, und von Wasser.

Wenn der Prinz im Märchen das Myrtenfräulein zum ersten Mal sieht, ruft er aus: „O Tugend! O Weisheit! Wie schön ist deine Gestalt!" Für Brentano ist Tugend und Weisheit gleichbedeutend mit Schönheit.

Das wilde Schwein, das Porzellania bedroht, erinnert uns an die französische Revolution und an die deutschen aufständischen Bewegungen, welche zu Lebzeiten Brentanos stattfanden. Schon die Tatsache, dass die Stadt des Prinzen aus Porzellan gebaut ist, lässt uns sogleich ahnen, wie zerbrechlich und gefährdet sie ist. Ein ebenso treffliches Bild ist das Schwein (in diesem Falle ein gesellschaftlich weniger bevorzugter Mensch), das die anderen Schweine (Menschen) beisst und mit seiner Tollheit (mit seiner

revolutionären Gesinnung) ansteckt, worauf die ganze Schweine-
herde dann „leicht die ganze Stadt Porzellania über den Haufen
werfen könnte!" Damit soll keineswegs die gelegentliche tragische
Notwendigkeit einer Revolution in Abrede gestellt werden, aber wir
alle wissen, dass bisher fast jede Revolution entartete und in der
Tat für längere oder kürzere Zeit zur Tollheit wurde.

Die neun bösen Frauen, die schön geputzt am Fenster sitzen und
sich weit herauslehnen müssen, um bemerkt zu werden, sind
dargestellt wie Konfekt im Schaufenster eines Zuckerbäckers. Ein
trauriges Schicksal. Die Gleichberechtigung der Frau ist kein
Thema in Porzellania. Auch das Gebet der Töpferin, in welchem sie
um ein Kind bittet, ist geprägt von Sexismus. Ein Mädchen soll
spinnen lernen und muss hübsch singen und beten können. Der Mann
dagegen wird klug und beredt und kühn von Tat. Im Übrigen ist es
keineswegs nur das Mädchen, das möglicherweise nicht die
geringste Lust hat zu spinnen und zu beten, auch der Jüngling oder
der Mann hat oft kein Rednertalent und absolut keine Neigung zu
kühnen Taten.

Die neun Fräulein, die früher vom Prinzen besucht wurden, werden
fallen glassen. Viele Menschen, die sich übergangen und beiseite
geschoben fühlen, begehen kleinere oder grössere Dummheiten.
Aber ein derart brutaler Mord an einem vollkommen unschuldigen
Wesen lässt sich nicht mit Missachtung und verletzter Eitelkeit
entschuldigen. Das ist die Tat von kalten und berechnenden
Menschen. Besonders wenn ein Sündenbock mitgebracht und am
Tatort zurückgelassen wird! Frauen dürfen sich nicht damit
begnügen ihren Prinzen zu finden und sich von ihm verwöhnen zu
lassen. Sie müssen sich selber befreien, sonst ist ihre Freiheit von
kurzer Dauer. Sie müssen die Kraft finden, für sich selber
einzustehen.

Die neun Zweige des Mytenbaumes, die sich in die neun Finger des
Myrtenfräuleins verwandeln, zeigen sehr anschaulich, dass die Äste
eines Baumes tatsächlich sein „Fleisch und Bein" sind. Wir machen
beim Thema Abtreibung ein grosses Geschrei über die Heiligkeit
des Lebens, aber wenn nicht ALLES Leben als heilig gilt, dann
können wir uns alle diesbezüglichen Reden ersparen, sie sind nichts

wert. Einmal ganz abgesehen davon, dass eine Frau, wenn sie nicht selber entscheiden kann, was mit ihrem Körper geschieht, ganz gewiss nicht an die Heiligkeit ihres eigenen Lebens glauben kann, geschweige denn an die eines Fötus.

Das glückliche Ende des Märchens wäre nicht befriedigend ohne Gerechtigkeit. Die neun Mordfräulein sprechen ihr eigenes Urteil. Die Erde vollzieht dieses Urteil und verschlingt sie, und ihre Hände werden zu Kraut. Im Klartext: sie sterben und werden begraben. Es ist sehr gut möglich, dass der Tod, wie wir ihn heute erleben, seinen Anfang nahm, als wir damit begannen die grossen Wälder zu verheeren. Wenn wir die unantastbare Heiligkeit der Bäume verachten, geschieht dasselbe mit unserer eigenen Ganzheit, mit unserem Seelenheil. Wir werden in unserer Vorstellung und unserem Verständnis aller Dinge ebenfalls zu seelenlosen Gegenständen, die unaufhaltsam verrotten müssen und schliesslich zu Kompost werden. Dass selbstverständlich auch die Erde selber heilig und ewig ist, das haben wir in unserem Stolz und unserer Überheblichkeit ebenfalls vergessen.

Wenn alle Menschen so zärtlich sind zu den Bäumen wie der Prinz zu seiner Myrte, dann ist das Paradies mitten unter uns. Was hindert uns daran, es dem Prinzen gleichzutun? Nur unser Grössenwahnsinn. Sobald der Töpfer und seine Frau erfahren, dass die Myrte in Tat und Wahrheit zu ihrer Tochter wurde, heisst es im Märchen, dass sie nun wussten, warum sie dieses Bäumchen so sehr liebten. Aber natürlich ist es klar, dass die Myrte auch als Baum ihr geliebtes Kind war. Für wahrhaft Liebende wird alles Geschaffene zu einer grossen Familie. Evolution bedeutet den Aufstieg in höhere Dimensionen. Die Dualität wird überwunden und gleichzeitig werden wir inne, dass alles, was es gibt, miteinander aufs Innigste verbunden ist. Sobald die Menschheit diese Stufe erreicht hat, wird es ganz unmöglich sein Anderen zu schaden, geschweige denn die Erde auszubeuten und zu zerstören.

Hinzelmeier und die Rosenjungfrau

Eine nachdenkliche Geschichte von Theodor Storm

Erstes Kapitel: Die weisse Wand

In einem alten weitläufigen Hause wohnten Herr Hinzelmeier und die schöne Frau Abel; sie waren nun schon ins zwölfte Jahr verheiratet, ja die Leute in der Stadt zählten ihnen nach, dass sie zusammen schon fast an die achzig Jahre auf dem Nacken hätten, und noch immer waren sie jung und schön und hatten weder ein Fältchen vor der Stirn noch ein Hahnepfötchen unter den Augen. Dass dies nicht mit rechten Digen zugehe, war nun freilich klar genug, und wenn die Hinzelmeierschen aufs Tapet kamen, so tranken die Stadtkaffeetanten drei Näpfchen mehr als am ersten Ostersonntagnachmittage. Die eine sagte: „Sie haben einen Jungbrunnen im Hofe!" Die andere sagte: „Ihr Bube, das Hinzelmeierlein, ist mit einer Glückshaube auf die Welt gekommen, und nun tragen die Alten sie wechselweise Nacht um Nacht!" Das kleine Hinzelmeierlein dachte nun freilich nichts dergleichen; es kam ihm im Gegenteil ganz natürlich vor, dass seine Eltern immer jung und schön waren; aber gleichwohl bekam auch er sein Nüsschen, das er vergeblich zu knacken suchte.

Eines Herbstnachmittags, da es schon gegen das Zwielicht ging, sass er in dem langen Korridor des obern Stockwerks und spielte Einsiedler; denn weil die silbergraue Katze, welche sonst bei ihm zur Schule ging, eben in den Garten hinabgeschlichen war, um nach den Buchfinken zu sehen, so hatte er mit dem Professorspielen für heute aufhören müssen. Er sass nun als Einsiedler in einem Winkel und dachte sich allerhand, wohin wohl die Vögel flögen und wie die Welt draussen wohl aussehen möge und noch viel Tiefsinnigeres; denn er wollte der Katze darüber auf den andern Tag einen Vortrag halten - als er seine Mutter, die schöne Frau Abel, an sich vorübergehen sah. „Heissa, Mutter!" rief er; aber sie hörte ihn nicht, sondern ging mit raschen Schritten an das Ende des Korridors; hier blieb sie stehen und schlug mit dem Schnupftuch dreimal gegen die weisse Wand. Hinzelmeier zählte in Gedanken „eins" und „zwei", und kaum hatte er „drei" gezählt, als er die Wand sich lautlos öffnen und seine Mutter hindurch verschwinden sah; kaum konnte der Zipfel des Schnupftuchs noch mit hindurchschlüpfen, so ging alles mit einem leisen Klapp wieder zusammen, und der Einsiedler dachte nun auch noch darüber nach, wohin wohl seine Mutter durch die Wand gegangen sei. Darüber ward es allmählich dunkler, und das Dämmern in seinem Winkel war schon so gross geworden, dass es ihn ganz verschlungen hatte, da machte es, wie zuvor, einen leisen Klapp, und die schöne Frau Abel trat aus der Wand wieder in den Korridor hinein. Ein Rosenduft schlug dem Knaben entgegen, wie sie an ihm vorüberstrich. „Mutter, Mutter !" rief er; aber er hielt sie nicht zurück, er hörte, wie sie die Treppe hinab und in das Zimmer des Vaters ging, wo er am Vormittag sein Schaukelpferd an den messingenen Ofenknopf gebunden hatte. Nun hielt es ihn nicht länger, er sprang durch den Korridor und ritt wie der Wind das Treppengeländer hinab. Als er ins Zimmer trat, war es voller Rosenduft, und es schien ihm fast, als wäre seine Mutter selber eine Rose, so leuchtend war ihr Antlitz. Hinzelmeier wurde ganz nachdenklich.

„Liebe Mutter", sagte er endlich, „weshalb gehst du denn durch die Wand?" Und als Frau Abel hierauf verstummte, sagte der Vater: „Ei nun, mein Sohn, weil die andern Leute durch die Tür gehen." Das war dem Hinzelmeier schon einleuchtend, bald aber wollte er mehr erfahren. „Wohin gehst du denn, wenn du durch die Wand gehst?" fragte er weiter. „Und wo sind denn die Rosen?" Aber ehe er sich's versah, hatte der Vater ihn aufs Schaukelpferd gesetzt, und die Mutter sang das schöne Lied:

> Hatto von Mainz und Poppo von Trier
> Ritten zusammen aus Lünebier;
> Hatto hott hott! Immer im Trott!
> Poppo hopp hopp! Immer Galopp!
> Eins, zwei, drei! Zelle vorbei!
> Ein, zwei, drei vier! Nun sind wir schon hier.

„Bind es los! Bind es los!" rief Hinzelmeier; und der Vater band das Rösslein vom Ofenknopf, und die Mutter sang, und der Reiter ritt hopp hinauf und hopp hinab und hatte bald alle Rosen und weissen Wände vergessen.

Zweites Kapitel: Der Zipfel

Nun gingen manche Jahre hin, ohne dass Hinzelmeier eine Wiederholung des Wunders erlebt hätte; er dachte daher auch nicht mehr daran, obgleich seine Eltern jung und schön blieben, wie sie immer gewesen waren, und oftmals auch im Winter der wunderbare Rosenduft sie umgab.

In dem einsamen Korridor des obern Stockwerks war Hinzelmeier jetzt nur selten noch zu finden; denn die Katze war vor Alter gestorben, und so seine Schule aus Mangel an Schülern von selber eingegangen.

Es war ihm nun schon fast so, als müsste in einigen Jahren der Bart zu wachsen anfangen; da ging er eines Nachmittags wieder in den alten Korridor hinauf, um die weissen Wände zu besichtigen; denn er wollte auf den Abend das berühmte Schattenspiel „Nebukadnezar und sein Nussknacker" zur Aufführung bringen. In dieser Absicht war er an das Ende des Ganges gekommen und betrachtete die weisse Querwand von oben bis unten, als er zu seiner Verwunderung den Zipfel eines Schnupftuches daraus hervorhängen sah. Er bückte sich, um dies genauer zu betrachten; in der Ecke stand : A.H. Das konnte nichts anderes heissen als Abel Hinzelmeier; es war das Schnupftuch seiner Mutter. Nun fing's in seinem Kopfe an zu schnurren, und die Gedanken arbeiteten rückwärts, weiter und weiter, bis sie bei dem ersten Kapitel dieser Geschichte plötzlich Halt machten. Hierauf versuchte er das Schnupftuch aus der Wand herauszuziehen, was ihm auch glücklich gelang. Dann schlug er, wie einst die schöne Frau Abel, dreimal mit dem Tuche gegen die Wand, und eins - zwei - drei! tat sie sich lautlos auf, Hinzelmeier schlüpfte hindurch und stand - wo er am wenigsten zu gelangen dachte - auf dem Hausboden. Aber es war nicht daran zu zweifeln: dort stand der Urgrossmutterschrank mit den wackelköpfigen Pagoden, daneben seine eigene Wiege und weiterhin das Schaukelpferd, lauter ausgedientes Gerät. „Sonderbar!" sagte Hinzelmeier, „warum ging denn die Mutter durch die Wand?" Da er indessen ausser den bekannten Gegenständen nichts Bemerkenswertes wahrnahm, wollte er durch die Bodentür wieder ins Haus hinabgehen. Allein die Tür war nicht da. Er stutzte einen Augenblick, und meinte anfänglich sich geirrt zu haben. Er wandte sich daher um und ging zum alten Schrank um sich von hier zurechtzufinden; und richtig, dort gegenüber war die Tür, er begriff nicht, wie er sie hatte übersehen können. Als er aber darauf zuging, erschien ihm plötzlich wieder alles so fremd, dass er zu zweifeln begann, ob er auch vor der rechten Tür stehe. Allein soviel er wusste, gab es hier keine andere. Was ihn am meisten verwirrte, war, dass die eiserne Klinke fehlte und auch der Schlüssel abgezogen war, der sonst immer aufzustecken pflegte. Er legte daher sein Auge an das Schlüsselloch, ob er vielleicht jemand auf der Treppe gewahren könne, der ihn herabliesse. Zu seinem Erstaunen sah er aber nicht auf die dunkle Treppe, sondern in ein helles geräumiges Zimmer, von dessen Dasein er bisher keine Ahnung gehabt hatte.

In der Mitte desselben gewahrte er einen pyramidenförmigen Schrein, der von zwei goldschimmernden Türen verschlossen und mit wunderlicher Schnitzarbeit verziert war. Hinzelmeier wusste nicht recht, ob das enge Schlüsselloch seinen Blick verwirrte, aber es war ihm fast, als wenn die Gestalten der Schlangen und Eidechsen in der braunen Laubgirlande, welche sich an den Kanten herunterzog, auf und ab raschelten, ja mitunter sogar die geschmeidigen Köpfe auf den Goldgrund der Tür hinüberreckten. Dies alles beschäftigte den Knaben so, dass er erst jetzt die schöne Frau Abel und ihren Eheherrn bemerkte, welche mit geneigtem Haupte vor dem Schrein niedergekniet waren. Unwillkürlich hielt er den Atem an, um nicht bemerkt zu werden, und nun hörte er die Stimmen seiner Eltern in leisem Gesange:

> Rinke, ranke, Rosenschein,
>
> Tu dich auf, du goldner Schrein!
>
> Tu dich auf und schliess uns ein,
>
> Rinke, ranke, Rosenschein!

Während des Gesanges erstarrte in dem Laubwerk das Leben des Gewürms; die goldenen Türen gingen langsam auf und zeigten in dem Innern des Schrankes einen kristallenen Becher, in welchem eine halberschlossene Rose auf schlankem Schafte stand. Allmählich öffnete sich der Kelch; weiter und weiter, bis eins der schimmernden Blätter sich ablöste und zwischen die Knienden hinabfiel. Ehe es aber den Boden erreichte, zerstob es klingend in der Luft und füllte das Gemach mit rosenrotem Nebel.

Ein starker Rosenduft quoll durch das Schlüsselloch; der Knabe presste sein Auge an die Öffnung, aber er gewahrte nichts als dann und wann ein Leuchten, das in der roten Dämmerung aufbrach und wieder verschwand. Nach einer Weile hörte er Schritte an der Tür; er wollte aufspringen, aber ein heftiger Schmerz an der Stirn raubte ihm die Besinnung.

Drittes Kapitel: Die Rose

Als Hinzelmeier aus der Betäubung erwachte, lag er in seinem Bette; Frau Abel saß neben ihm und hielt seine Hand in der ihren. Sie lächelte, da er die Augen zu ihr aufschlug, und der Abglanz der Rose lag auf ihrem Antlitz. „Du hast zuviel erlauscht, um nicht noch mehr erfahren zu müssen", sagte sie. „Nur darfst du für heute dein Bett nicht verlassen; aber währenddessen will ich dir das Geheimnis deiner Familie mitteilen. Du bist jetzt groß genug, um es zu wissen." – „Erzähle nur, Mutter", sagte Hinzelmeier und legte den Kopf zurück in die Kissen.

Und dann erzählte Frau Abel: „Weit von dieser kleinen Stadt liegt der uralte Rosengarten, von dem die Sage geht, er sei mit dem Paradiesgarten erschaffen worden. Innerhalb seiner Mauern stehen tausend rote Rosenbüsche, welche nie zu blühen aufhören; und jedesmal, wenn in unserem Geschlechte, welches in vielen Zweigen durch alle Länder der Welt verbreitet ist, ein Kind geboren wird, springt eine neue Knospe aus den Blättern. Jeder

103

Knospe ist eine Jungfrau zur Pflegerin bestellt, welche den Garten nicht verlassen darf, bis die Rose von dem geholt worden, durch dessen Geburt sie entsprossen ist. Eine solche Rose, welche du vorhin gesehen hast, besitzt die Kraft, ihren Eigentümer zeitlebends jung und schön zu erhalten. Daher versäumt denn nicht leicht jemand, sich seine Rose zu holen; es kommt nur darauf an, den rechten Weg zu finden; denn der Eingänge sind viele, und oft verwunderliche. Hier führt es durch einen dicht verwachsenen Zaun, dort durch ein schmales Winkelpförtchen, mitunter" – und Frau Abel sah ihren Eheherrn, der eben ins Zimmer getreten war, mit schelmischen Augen an – „mitunter auch durchs Fenster!" Herr Hinzelmeier lächelte und setzte sich neben das Bett seines Sohnes. Dann erzählte Frau Abel weiter: „Auf diese Weise wird die grösste Zahl der Jungfrauen aus ihrer Gefangenschaft erlöst und verlässt mit dem Besitzer der Rose den Garten. Auch deine Mutter war eine Rosenjungfrau und pflegte sechzehn Jahre lang die Rose deines Vaters. Wer aber an dem Garten vorübergeht, ohne einzukehren, der darf niemals dahin zurück. Nur der Rosenjungfrau ist es nach dreimal drei Jahren gestattet, in die Welt hinauszugehen, um den Rosenherrn zu suchen und sich aus der Gefangenschaft zu erlösen. Findet sie ihn nicht, so muss sie in den Garten zurück und darf erst nach wiederum dreimal drei Jahren den Versuch erneuern; aber wenige wagen den ersten, fast keine den zweiten Gang; denn die Rosenjungfrauen scheuen die Welt, und wenn sie in ihren weissen Gewändern hinausgehen, so gehen sie mit niedergeschlagenen Augen und zitternden Füssen. Unter hundert solcher Kühnen hat kaum eine einzige den wandernden Rosenherrn gefunden. Für diesen aber ist dann die Rose verloren, und während die Jungfrau zu ewiger Gefangenschaft zurückgegangen ist, hat er die Gnade seiner Geburt verscherzt und muss wie die gewöhnliche Menschheit kümmerlich altern und vergehen. – Auch du, mein Sohn, gehörst zu den Rosenherren, und kommst du in die Welt hinaus, vergiss den Rosengarten nicht."

Herr Hinzelmeier neigte sich zu Frau Abel und küsste ihre seidenen Haare; dann sagte er, freundlich des Knaben andere Hand ergreifend: „Du bist jetzt gross genug! Möchtest du wohl in die Welt hinaus und eine Kunst erlernen?" – „Ja", sagte Hinzelmeier, „aber es müsste eine grosse Kunst sein, die sonst noch niemand hat erlernen können." Frau Abel schüttelte sorgenvoll den Kopf; der Vater aber sagte: „Ich will dich zu einem weisen Meister bringen, der viele Meilen von hier in einer grossen Stadt wohnt, da magst du dir selber eine Kunst wählen." Das war Hinzelmeier zufrieden.

Einige Tage darauf packte Frau Abel einen grossen Koffer mit vielen Kleidern, dann fuhr der Wagen vor die Tür, und als die Mutter ihren Sohn zum Abschied umarmte, sagte sie unter Tränen zu ihm: „Vergiss die Rose nicht!"

Viertes Kapitel: Krahirius

Als Hinzelmeier ein Jahr bei dem weisen Meister gewesen war, schrieb er seinen Eltern, er habe sich nun eine Kunst erwählt, er wolle den Stein der Weisen suchen; nach zwei Jahren werde der Meister ihn lossprechen, dann wolle er auf die Wanderschaft und nicht eher zurückkehren, als bis er den

Stein gefunden habe. Dies sei eine Kunst, welche noch von niemandem erlernt worden; denn auch der Meister sei eigentlich nur ein Altgesell, da der Stein noch keineswegs von ihm gefunden sei. Als die schöne Frau Abel diesen Brief gelesen hatte, faltete sie ihre Finger ineinander und rief: „Ach, er wird nimmermehr in den Rosengarten kommen! Es wird ihm gehen wie unseres Nachbarn Kasperle, der vor zwanzig Jahren ausgezogen und nimmer wieder nach Hause gekommen ist!" Herr Hinzelmeier küsst seine schöne Frau und sagte: „Er muss seinen Weg gehen! Ich wollte auch einmal den Stein der Weisen suchen und habe statt dessen die Rose gefunden." So blieb denn Hinzelmeier bei seinem Meister; und allmählich ging die Zeit herum.

Es war schon tiefe Nacht. Hinzelmeier sass vor einer qualmenden Lampe über einen Folianten gebückt. Aber es wollte ihm heute nicht gelingen; er fühlte es in seinen Adern klopfen und gären, es überfiel ihn eine Angst, als könne ihm auf immer das Verständnis für die tiefe Weisheit der Formeln und Sprüche verlorengehen, welche das alte Buch bewahrte. Mitunter wandte er sein blasses Gesicht ins Zimmer zurück und starrte gedankenlos in den Winkel, wo die grämliche Gestalt des alten Meisters vor einem niedrigen Herde zwischen glühenden Kolben und Tiegeln hantierte; mitunter, wenn die Fledermäuse an den Scheiben vorüberstrichen, sah er verlangend in die Mondnacht hinaus, die wie ein Zauber draussen über den Feldern lag. Neben dem Meister kauerte die Kräuterfrau am Boden. Sie hatte den grauen Hauskater auf dem Schoss und stäubte ihm sanft die Funken aus dem Pelz. Manchmal, wenn es so recht behaglich knisterte und das Tier vor angenehmem Grauen mauzte, langte der Meister liebkosend nach ihm zurück und sagte hustend: „Die Katze ist die Genossin des Weisen!"

Plötzlich scholl von draussen her, vom First des Daches, ein langgezogener, sehnsüchtiger Laut, wie dessen von allen Tieren nur die Katze und nur im Lenze mächtig ist. Der Kater richtete sich auf und krallte seine Klauen in die Schürze des alten Weibes. Noch einmal rief es draussen. Da sprang das Tier mit einem derben Satz auf den Fussboden und über Hinzelmeiers Schultern durch die Scheibe ins Freie, dass die Glasscherben klingend hinterdrein stoben.

Ein süsser Primelduft strich mit dem Zug ins Fenster. Hinzelmeier sprang empor. „Es ist Frühling, Meister!" rief er und warf seinen Stuhl zurück. Der Alte senkte seine Nase noch tiefer in den Tiegel. Hinzelmeier ging auf ihn zu und packte ihn an der Schulter: „Hört ihr's nicht, Meister?" Der Meister griff sich in den graugemischten Bart und stierte den Jungen blöd durch seine grüne Brille an. „Das Eis birst!" rief Hinzelmeier, „es läutet in der Luft!" Der Meister fasste ihn ums Handgelenk und begann die Pulsschläge zu zählen. „Sechsundneunzig!" sagte er bedenklich. Aber Hinzelmeier achtete dessen nicht, sondern verlangte seinen Abschied, und noch in derselben Stunde. Da hiess der Meister ihn Stab und Ranzen nehmen und trat mit ihm vor die Haustür, von wo sie weit ins Land hineinsehen konnten. Die unabsehbare Ebene lag in klarem Mondlicht zu ihren Füssen. Hier standen sie still; das Antlitz des Meisters war gefurcht von tausend Runzeln, sein Rücken war gebeugt, sein Bart hing tief über seinen braunen Talar hinab; er sah unsäglich alt aus. Auch Hinzelmeiers Gesicht war blass, aber seine Augen leuchteten. „Deine Zeit ist um", sprach der Meister zu ihm. „Knie nieder, damit du losgesprochen werdest!" Dann zog er ein weisses Stäbchen aus dem Ärmel, und dem Knienden dreimal damit den Nacken berührend, sprach er:

> Das Wort ist gegeben
> Unter die Geister;
> Ruf es ins Leben,
> So bist du der Meister.
> Vorhanden ist es in keinem Reich.
> Es ist ein Name, ein Dunst;
> Finden und schaffen zugleich,
> Das ist die Kunst!

Dann hiess er ihn aufstehen. Ein Frösteln durchfuhr den Jüngling, als er in das greise, feierliche Angesicht des Meisters blickte. Er nahm Stab und Ranzen vom Boden und wollte von dannen gehen, aber der Meister rief: „Vergiss den Raben nicht!" Er griff mit der hageren Faust in seinen Bart und riss ein schwarzes Haar heraus. Das blies er durch die Finger, da schwang es sich als Rabe in die Luft.

Nun schwenkte er den Stab im Kreise um sein Haupt, und wie er schwenkte, flog der Rabe; dann streckte er den Arm aus, und der Vogel setzte sich auf seine Faust. Hierauf hob er die grüne Brille von seiner Nase, und während er sie auf des Raben Schnabel klemmte, sprach er:

> Wege sollst du weisen,
> Krahirius sollst du heissen!

Da schrie der Rabe : „Krahira! Krahira!" und hüpfte mit ausgespreizten Flügeln auf Hinzelmeiers Schulter. Der Meister aber sprach zu diesem:

> Wanderspruch und Wanderbuch
> Hast du nun, und nun genug!

Dann wies er mit dem Finger in das Tal hinab, wo der unendliche Weg über die Ebene lief, und während Hinzelmeier, mit dem Reisehut grüssend, in die Frühlingsnacht hinausging, schwang Krahirius sich auf und flog zu seinen Häupten.

Fünftes Kapitel: Der Eingang zum Rosengarten

Die Sonne stand schon hoch am Himmel. Hinzelmeier hatte einen Richtweg über ein Feld mit grüner Wintersaat eingeschlagen, das sich unabsehbar vor ihm ausdehnte. Am Ende desselben führte der Steig durch eine Öffnung des Walles auf einen geräumigen Platz hinaus, und Hinzelmeier stand vor den Gebäuden eines grossen Bauernhofes. Es hatte zuvor geregnet; nun dampften die Strohdächer in der herben Frühlingssonne. Er stiess seinen Wanderstab in den Boden und blickte zum First des Wohnhauses hinauf, wo ein Volk von Sperlingen sein Wesen trieb. Plötzlich sah er aus einem der beiden weissen Schornsteine eine glänzende Scheibe in die Luft steigen, sich langsam im Sonnenscheine wenden und darauf wieder in den Schornstein hinabfallen.

Hinzelmeier zog seine Taschenuhr hervor. „Es ist Mittag!" sagte er, „sie backen Eierkuchen." Ein lieblicher Duft verbreitete sich, und wieder stieg ein Eierkuchen in den Sonnenschein hinauf und sank nach einer kurzen Weile in den Schornstein zurück. Der Hunger meldete sich; Hinzelmeier trat ins Haus und gelangte über einen breiten Flur in eine hohe geräumige Küche, wie solche in grösseren Gehöften zu sein pflegen. Am Herde, auf dem ein helles Reisigfeuer brannte, stand eine stämmige Bäuerin und tat den Teig in die zischende Pfanne. Krahirius, der lautlos hinterdrein geflogen kam, setzte sich auf den Herdmantel, während Hinzelmeier fragte, ob er für Geld und gute Worte eine Mahlzeit bekommen könne.

„Hier ist kein Wirtshaus!" sagte die Frau und schwang ihre Pfanne, dass der Eierkuchen prasselnd in den schwarzen Schlot hinauffuhr und erst nach einer ganzen Weile mit der Oberseite in die Pfanne zurückklatschte. Hinzelmeier griff nach seinem Stecken, den er beim Eintrittt an die Tür gestellt hatte; allein die Frau fuhr mit der Gabel in den Eierkuchen und stülpte ihn rasch auf eine Schüssel. „Nun, nun!" sagte sie, „so war es nicht gemeint. Setz er sich nur: hier ist just einer fertig." Dann schob sie ihm einen hölzernen Stuhl an den Küchentisch und setzte den dampfenden Kuchen nebst Brot und einem Kruge jungen Landweins vor ihm hin.

Das liess Hinzelmeier sich gefallen und hatte bald die gute Speise und ein gut Teil des festen Roggenbrotes verzehrt. Dann setzte er den Krug an den Mund und tat einen herzhaften Zug auf die Gesundheit der Hausfrau und dann zu seiner eigenen Gesundheit und noch manchen anderen hinterher. Das machte ihn so vergnügt, dass er ganz wie von selber zu singen anhub. „Er ist ja ein lustiger Mensch!" rief die Frau von ihrem Herd hinüber. Hinzelmeier nickte; ihm fielen auf einmal alle Lieder wieder ein, die er vorzeiten im elterlichen Hause von seiner schönen Mutter gehört hatte. Nun sang er sie, eines nach dem andern:

> Das macht, es hat die Nachtigall
>
> Die ganze Nacht gesungen;
>
> Da sind von ihrem süssen Schall,
>
> Da sind von Hall und Wiederhall
>
> Die Rosen aufgesprungen.

Sie war doch sonst ein wildes Blut,

Nun geht sie tief in Sinnen,

Trägt in der Hand den Sommerhut

Und duldet still der Sonne Glut

Und weiss nicht, was beginnen.

Das macht, es hat die Nachtigall

Die ganze Nacht gesungen!

Da wurde in der Wand, dem Herde gegenüber, unter den Reihen der blanken Zinnteller ein Schiebfensterchen zurückgezogen, und ein schönes blondes Mädchen, es mochte des Hauswirts Tochter sein, steckte neugierig den Kopf in die Küche. Hinzelmeier, der das Klirren der Fensterscheiben vernommen hatte, hörte auf zu singen und liess seine Augen an den Wänden der Küche umherwandern; über das Butterfass und die blanken Käsekessel und über den breiten Rücken der Hausfrau bis an das offene Schiebfensterchen, wo sie an zwei anderen jungen Augen hängenblieben.

Das Mädchen wurde ganz rot. „Er singt schön!" sagte sie endlich. „Es kam mir nur so", erwiederte Hinzelmeier, „Ich singe sonst gar nicht." Dann schwiegen beide eine Weile, und man hörte nur das Zischen der Pfanne und das Prasseln der Eierkuchen. Hinzelmeier trat auf einen umgestürzten Zuber, der unter dem Schiebefenster stand, und sah an dem Mädchen vorbei in die Kammer. Drinnen lag voller Sonnenschein. Auf den roten Fliesen der Diele lagen die Schatten von Nelken- und Rosenstöcken, welche seitwärts vor einem Fenster stehen mochten. Plötzlich wurde im Hintergrund der Kammer eine Tür aufgerissen. Der Frühlingswind brauste herein und riss dem Mädchen ein blauseidnes Band von der Riegelhaube; dann fuhr er durchs Schiebfenster und trieb seine Beute kreiselnd in der Küche umher. Hinzelmeier aber warf seinen Hut danach und fing es wie einen Sommervogel. Das Fenster war ein wenig hoch. Er wollte das Band dem Mädchen hinauflangen, sie bückte sich zu ihm heraus; da fuhren beide mit den Köpfen aneinander, dass es krachte. Das Mädchen schrie, die Zinnteller klirrten, Hinzelmeier wurde ganz konfus.

„Er hat einen gar wackern Kopf!" sagte das Mädchen und wischte sich mit ihrer Hand die Tränen von den Wangen. Als aber Hinzelmeier sich das Haar aus der Stirn strich und ihr herzhaft ins Gesicht schaute, da schlug sie die Augen nieder und fragte: „Er hat sich doch kein Leids getan?" Hinzelmeier lachte: „Nein, Jungfer", rief er - er wusste selbst nicht, wie es ihm auf einmal einfallen musste - „nimm Sie mir's nicht übel, aber Sie hat gewiss schon einen Schatz!" Sie setzte die Faust unters Kinn und wollte ihn trotzig ansehen, aber ihre Augen blieben an den seinen hängen. „Er faselt wohl", sagte sie leise. Hinzelmeier schüttelte den Kopf; es wurde ganz still zwischen den beiden. „Jungfer!" sagte nach einer Weile Hinzelmeier, „ich möchte Ihr das Band in die Kammer bringen!" Das Mädchen nickte. „Wo geht denn aber der Weg?"

Es klang ihm in den Ohren: „Mitunter auch durchs Fenster!" - Das war die Stimme seiner Mutter. Er sah sie an seinem Bette sitzen; er sah sie lächeln; es war ihm plötzlich, als stehe er in einem rosenroten Nebel, der aus dem offnen Schiebefenster in die Küche hereinzog. Er trat wieder auf den Zuber und legte seine Hände um den Nacken des Mädchens. Da sah er durch die offene Kammertür einen Garten; darinnen standen die blühenden Rosenbüsche wie ein rotes Meer, und in der Ferne sangen kristallene Mädchenstimmen :

Rinke, ranke Rosenschein,
Tu dich auf und schliess uns ein!

Hinzelmeier drängte das Mädchen sanft in die Kammer zurück und stemmte die Hände auf das Fensterbrett, um sich mit einem Satz hinein-zuschwingen; da hörte er es „Krahira, krahira!" über seinem Kopf schwirren, und ehe er sich's versah, liess der Rabe die grüne Brille aus der Luft grade auf seine Nase fallen. Nur wie im Traume sah er noch das Mädchen die Arme nach ihm austrecken; dann war auf einmal alles vor seinen Augen verschwunden; aber in weiter Ferne sah er durch die grünen Gläser eine dunkle Gestalt in einem tiefen Felsenkessel sitzen, welche mit einem Stemmeisen eifrig in den Grund zu bohren schien.

Sechstes Kapitel: Der Meisterschuss

„Der sucht den Stein der Weisen!" dachte Hinzelmeier, und seine Wangen begannen zu brennen; er schritt wacker auf die Erscheinung los, aber es war weiter, als es durch die Brillengläser aussah. Er rief den Raben, der musste mit seinen Flügeln ihm die Schläfe fächeln. Erst nach Stunden hatte er den Grund der Schlucht erreicht. Nun sah er eine schwarze, rauhe Gestalt vor sich, die hatte zwei Hörner an der Stirn und einen langen Schwanz, den liess sie hinter sich über das Gestein herabhängen. Bei Hinzelmeiers Ankunft nahm sie das Stemmeisen zwischen die Zähne, begrüsste ihn mit einem verbindlichen Kopfnicken und sagte: „Sie kennen mich wohl nicht?" – „Nein", sagte Hinzelmeier. „Sind Sie vielleicht der Pumpenmeister?" – „Ja", sagte der andere, „so etwas Ähnliches, ich bin der Teufel." Das wollte Hinzelmeier nicht glauben, aber der Teufel sah ihn so an, dass er am Ende gründlich überzeugt wurde und ganz bescheiden sagte: „Dürfte ich mir die Frage erlauben, ob Sie mit diesem ungeheuren Loch ein physikalisches Experiment beabsichtigen?" Der Teufel fragte, einen überlegenen Ton annehmend: „Mein Kind, weißt du, was eine Kanone ist?" – „Freilich", sagte Hinzelmeier lächelnd, denn das ganze hölzerne Waffenarsenal aus seiner Knabenzeit sah er plötzlich im Geiste vor sich aufgepflanzt. Der Teufel klatschte vor Vergnügen in die Hände. „Drei Pfund Schiesspulver, ein Fünkchen Höllenfeuer dazu; und dann - !" Hier steckte er die eine Hand in das Bohrloch und sagte vertraulich: „Die Welt ist unregierlich geworden! Ich will sie in die Luft sprengen." – „Alle Wetter!" schrie Hinzelmeier, „das ist aber eine Radikalkur!" – „Ja", sagte der Teufel, „ultima ration regum! Aber nun entschuldigen Sie ein Weilchen, ich muss ein wenig inspizieren." Mit diesen Worten sprang er ins Bohrloch hinab.

Da überfiel den Hinzelmeier auf einmal eine ganz übernatürliche Courage, so dass er bei sich beschloss, den Teufel aus der Welt zu schiessen. Mit fester Hand zog er seine Zunderbüchse aus der Tasche, pinkte Feuer und warf es in das Bohrloch; dann zählte er „Eins, zwei, … ", aber er hatte noch nicht „drei" gezählt, so entlud sich diese grundlose Kanone ihres Schusses samt ihrer Vorladung. Die Erde machte einen fürchterlichen Seitensprung durch den Himmel. Hinzelmeier stürzte in die Knie; der Teufel aber flog wie eine Bombe durch die Luft, von einem Planetensystem in das andere, wo ihn die Anziehungskraft unseres Weltkörpers nicht mehr erreichen konnte.

Hinzelmeier nahm seine Tabakspfeife aus der Tasche, und die blauen Wolken vor sich hinblasend, rief er triumphierend: „Den Stein des Anstosses habe ich aus der Welt geschossen: wohlan! Der Stein der Weisen kann mir nicht entgehen!" Dann setzte er seine Wanderung fort, und Krahirius flog zu seinen Häupten.

Siebentes Kapitel: Die Rosenjungfrau

Hinzelmeier wanderte hin und her, kreuz und quer, er wurde müder und müder, sein Rücken wurde gekrümmt; aber immer fand er doch den Stein der Weisen nicht. So waren neun Jahre dahingegangen, als er eines Abends in ein Wirtshaus einkehrte, welches am Eingange einer grossen Stadt gelegen war. Krahirius nahm sich mit der Klaue die Brille herunter und putzte sie an seinen Flügeln; dann setzte er sie wieder auf und hüpfte in die Küche. Als die Hausleute ihn sahen, lachten sie über seine Brille, nannten ihn „Herr Professor" und warfen ihm die fettesten Bissen vor.

„Wenn Ihr der Herr des Vogels seid", sagte der Wirt zu Hinzelmeier, „so ist nach Euch gefragt worden." – „Freilich bin ich das", sagte Hinzelmeier. „Wie heisst Ihr denn?" – „Ich heisse Hinzelmeier." – „Ei, ei", sagte der Wirt, „Ihren Herrn Sohn, den Gemahl der schönen Frau Abel, denn kenne ich recht wohl." – „Das ist nicht mein Sohn, es ist mein Vater", sagte

Hinzelmeier verdriesslich, „und die schöne Frau Abel ist meine Mutter." Da lachten die Leute und sagten, der Herr sei ausserordentlich spasshaft. Hinzelmeier aber sah vor Zorn in einen blanken Kessel. Da starrte ihm ein grämliches Angesicht entgegen, voll Runzeln und Hahnepfötchen, und er gewahrte wohl, dass er abscheulich alt geworden sei. „Ja, ja!" rief er und schüttelte sich, als gelte es, aus einem schweren Traum zu kommen. „Wo war es doch gleich? Ich war ja dicht davor."

Dann erkundigte er sich bei dem Wirte, wer nach ihm gefragt habe. „Es war nur eine arme Dirne", sagte der Wirt, „sie trug ein weisses Kleid und ging mit nackten Füssen." – „Das war die Rosenjungfrau!" rief Hinzelmeier. „Ja", antwortete der Wirt, „ein Sträussermädel mag es wohl sein, sie hatte aber nur noch eine Rose in ihrem Körbchen." – „Wohin ist sie gegangen?" rief Hinzelmeier. – „Wenn Ihr sie sprechen müsst", sagte der Wirt, „so werdet Ihr sie schon in der Stadt an einer Strassenecke finden können."

Als Hinzelmeier das gehört hatte, schritt er eilig zum Hause hinaus und in die Stadt hinein; Krahirius flog krächzend hinterher. Es ging aus einer Strasse in die andere, und an allen Ecksteinen standen Blumenmädchen; aber sie trugen plumpe Schnallenschuhe und boten schreiend ihre Ware feil. Das waren keine Rosenjungfrauen. Endlich, als schon die Sonne hinter den Häusern hinab war, gelangte Hinzelmeier an ein altes Haus, aus dessen offner Tür ein zartes Leuchten auf die dämmerige Gasse hinausdrang. Krahirius warf den Kopf zurück und schlug ängstlich mit den Flügeln; Hinzelmeier aber achtete dessen nicht und trat über die Schwelle in einen weiten Hausflur, der ganz von rotem Schimmer erfüllt war. Tief im Hintergrunde, auf der untersten Stufe einer Wendeltreppe, sah er ein blasses Mädel sitzen; in einem Körbchen, das sie auf ihrem Schosse hielt, lag eine rote Rose, aus deren Kelch das zarte Licht hervorbrach. Das Mädchen schien ermüdet. Sie setzte eben die Lippen von einem irdnen Wasserkruge, der ihr von einem kleinen Knaben mit beiden Händen vorgehalten wurde. Ein grosser Hund, der neben ihr an der Treppe lag, und, wie das Kind, zum Hause zu gehören schien, legte den Kopf an ihr weisses Gewand und leckte ihre nackten Füsse.

116

„Das ist sie!" sagte Hinzelmeier, und seine Schritte wurden unsicher vor Hoffen und Erwarten. Und als die Jungfrau nun ihr Antlitz gegen ihn erhob, da fiel es ihm wie Schuppen von den Augen, und er erkannte mit einem Male das Mädchen aus der Bauernküche; nur trug sie heute nicht das bunte Mieder, und das Rot auf ihren Wangen war nur der Abglanz von dem Rosenlichte. „O du!" rief Hinzelmeier, „nun wird noch alles, alles gut!" Sie streckte die Arme nach ihm aus, sie wollte lächeln, aber die Tränen sprangen ihr in die Augen. „Wo ist Er denn so lange in der Welt umhergelaufen?" sagte sie. Und als er nun in ihre Augen sah, da erschrak er vor lauter Freude, denn dort stand sein eignes Bild, aber kein Bild, wie es ihn vor kurzem aus dem kupfernen Kessel angeglotzt hatte; nein, ein Gesicht, so jung und frisch und lustig, dass er laut aufjauchzen musste, er hätte es um alle Welt nicht lassen können.

Da quoll von der Strasse her ein Menschenschwarm ins Haus, schreiend und mit den Händen fechtend. „Hier steht der Herr des Vogels!" rief ein untersetztes Männlein; dann drangen alle auf Hinzelmeier ein. Dieser fasste die Hand des Mädchens und fragte: „Was ist es mit dem Raben?" – „Was es ist?" sagte der Dicke, „dem Herrn Bürgermeister hat er die Perücke gestohlen. Nun sitzt er auf der Dachrinne, das Ungetüm, und hat die Perücke in der Klaue!"

Hinzelmeir wollte reden, aber sie nahmen ihn in ihre Mitte und schoben ihn gegen die Türe. Mit Schrecken fühlte er die Hand der Rosenjungfrau aus der seinen gleiten. So kam er auf die Strasse. Droben auf der Dachrinne sass der Rabe. Er öffnete seine Klaue, und während die Bürger mit Stöcken nach der Perücke umherlangten, hörte Hinzelmeier es „Krahira, krahira!" über seinem Haupte schwirren, und in demselben Augenblicke sass auch die grüne Brille schon auf seiner Nase.

Da war auf einmal die Stadt vor seinen Augen verschwunden; aber durch die Brillengläser sah er zu seinen Füssen ein Tal mit Meierhöfen und Dörfern. Was Hinzelmeiers Augen fesselte, war die Gestalt eines Menschen mit einer spitzen Kappe auf dem Kopfe, welcher mitten auf einer Wiese in nachdenklicher Stellung auf einem Steine zu sitzen schien.

Achtes Kapitel: Nachbars Kasperle

Da dachte Hinzelmeier: „Das ist der Stein der Weisen!" und ging geraden Weges auf ihn zu. „Mein Gott!" sagte er, „ihr seid wohl gar des Nachbars Kasperle, der gar nicht wieder nach Hause gekommen ist?" – „Ja", sagte der Mensch und reichte Hinzelmeier die Hand, „der bin ich." – „Und ich bin Nachbars Hinzelmeier", sagte dieser, „und ich suche den Stein der Weisen." – „Ich suche ihn nicht mehr", sagte Kasperle, „ich habe ihn bereits gefunden." Da verstummte Hinzelmeier eine Zeitlang; endlich faltete er andächtig die Hände und sagte feierlich: „Es musste schon so kommen, ich wusste es wohl; denn ich habe vor neun Jahren den Teufel aus der Welt geschossen." – „Das muss sein Sohn gewesen sein", sagte der andere, dem alten Teufel bin ich noch vorgestern begegnet." – „Nein", sagte Hinzelmeier, „es war der alte Teufel. Aber erzählt mir doch, wie ihr den Stein gefunden habt."

„Das ist einfach", sagte Kasperle, „dort unten im Dorfe wohnen lauter dumme Leute, die nur mit Schafen und Rindvieh verkehren. Sie wussten nicht, welchen Schatz sie besassen, da habe ich ihn in einem alten Keller gefunden und mit drei Sechslingen das Pfund bezahlt. Und nun denke ich bereits seit gestern darüber nach, wozu er nütze sei." - „Lieber Herr Kollege!" sagte Hinzelmeier, „das ist eine höchst kritische Frage, woran vor Euch wohl noch kein Mensch gedacht hat! Lasst uns gemeinsam bedenken, wozu er nütze sei."

So sassen sie und sassen sie; die Sonne ging unter, der Mond ging auf, und noch immer hatten sie nichts gefunden. Mitunter fragte der eine: „Habt Ihr's?" Aber der andere schüttelte immer mit dem Kopf und sagte: „Nein."

Krahirius ging ganz vergnügt im Grase auf und nieder und fing Frösche. Endlich sagte Hinzelmeier: „Wir müssen erst unsere Brillen polieren, dann werden wir hernach schon sehen, wozu er nütze sei." Und kaum hatte Hinzelmeier seine Brille abgenommen, so liess er sie vor Erstaunen ins Gras fallen und rief: „Ich hab es! Herr Kollege, man muss ihn essen!" Da nahm auch Kasperle die Brille herunter, und nachdem er den Stein eine Weile betrachtet hatte, sagte er: „Dieses ist ein sogenannter Leberkäse und muss mit des Himmels Hilfe gegessen werden. Bedienen Sie sich, Herr Kollege!" Und nun zogen beide ihre Messer aus der Tasche und hieben wacker in den Käse ein. „Ich weiss nicht", sagte Hinzelmeier, nachdem der Käse verzehrt war, „mir ist unmassgeblich zumute, als wäre ich dem Stein der Weisen um ein Erkleckliches näher gerückt." - „Wertester Herr Kollege", erwiederte Kasperle, „Ihr sprecht aus meiner Seele. So lasst uns denn ungesäumt unsere Wanderschaft fortsetzen."

Nach diesen Worten umarmten sie sich; Kasperle ging nach Westen, Hinzelmeier nach Osten, und zu seinen Häupten, die Brille auf dem Schnabel, flog Krahirius.

Neuntes Kapitel: Der Stein der Weisen

Hinzelmeier wanderte hin und her, kreuz und quer, sein Haar ergraute, seine Beine wurden wankend; am Stabe ging er von Land zu Land, und immer fand er doch den Stein der Weisen nicht. So waren noch einmal neun Jahre vergangen, als er eines Abends, wie er jeden Abend zu tun pflegte, in ein Wirtshaus trat. Der Wirt stellte einen Krug Wein vor ihn hin und sagte freundlich: „Ihr scheint müde, lieber Herr, trinket nur, das wird euch stärken." – „Ja", sagte Hinzelmeier und fasste den Krug mit beiden Händen, „sehr müde, ich bin lange gewandert." Dann schloss er die Augen und tat einen durstigen Zug aus dem Weinkruge.

„Wenn Ihr der Herr des Vogels seid, so glaube ich fast, es ist nach Euch gefragt worden" sagte der Wirt. „Wie heisset Ihr denn, lieber Herr?" – „Ich heisse Hinzelmeier." – „Nun", sagte der Wirt, „Euren Enkel, den Gemahl der schönen Frau Abel, den kenne ich recht wohl." – „Das ist mein Vater", sagte

Hinzelmeier. Der Wirt zuckte mit den Achseln, und indem er sich nach seiner Schenke wandte, sagte er bei sich selber: „Der arme Mann ist kindisch geworden."

Hinzelmeier liess den Kopf auf seine Brust sinken und erkundigte sich, wer nach ihm gefragt habe. „Es war nur eine arme Dirne", sagte der Wirt, „sie trug ein weisses Kleid und ging mit nackten Füssen." Da lächelte Hinzelmeier und sagte leise: „Das war die Rosenjungfrau, nun wird es bald besser werden. Wohin ist sie gegangen?" – „Es schien ein Blumenmädchen zu sein", sagte der Wirt, „wenn Ihr sie sprechen wollt, Ihr werdet sie leicht an den Strassenecken finden können." – „Ich muss ein Weilchen schlafen", sagte Hinzelmeier, „gebt mir eine Kammer, und wenn der Hahn kräht, dann klopft an meine Tür."

Nun gab der Wirt ihm eine Kammer, und Hinzelmeier legte sich zur Ruhe. Er träumte von seiner schönen Mutter, er lächelte, sie sprach im Traum zu ihm. Da flog Krahirius durch das offene Fenster und setzte sich zu seinen Häupten auf das Bett und liess die Brille auf seine Nase fallen. Da verwandelten sich seine Träume, er streckte sich lang aus und stöhnte.

Als im Zwielicht der Hahn gekräht hatte, klopfte der Wirt an die Kammertür. Hinzelmeier richtete sich mühsam auf und starrte durch die Brille, die noch auf seiner Nase sass, zur Kammertür hinaus, über ein weites, ödes Feld und dann weiterhin auf einen mählich ansteigenden Hügel. Auf diesem, unter dem Rumpfe einer alten Weide, lag ein grauer, flacher Stein. Die Gegend war einsam, kein Mensch zu sehen.

„Das ist der Stein der Weisen!" rief Hinzelmeier, „endlich wird er dennoch mein werden." Hastig warf er seine Kleider über, nahm Stab und Ranzen und schritt zur Tür hinaus. Krahirius begleitete ihn. Hinzelmeier wanderte viele Stunden. Endlich schien er seinem Ziele näher zu kommen, seine Brust keuchte, der Schweiss troff von seinen weissen Haaren. Da kam aus der Ferne, hinter ihm, ganz aus der Ferne, fast wie im Traum, ein Gesang zu ihm herüber:

Rinke, ranke, Rosenschein,

Lass ihn nicht allein, allein!

Halt ihn fest und hol ihn ein,

Rinke, ranke, Rosenschein.

Das spann sich wie ein goldenes Netz um ihn; er liess den Kopf auf seine Brust sinken, aber Krahirius schrie laut, da war das Lied verschollen, und als Hinzelmeier die Augen aufschlug, stand er am Fusse des Hügels. „Nur eine kleine Weile noch", sagte er zu sich selber und liess noch einmal seine müden Füsse wandern. Als er aber den grossen, breiten Stein allmählich in der Nähe sah, da dachte er: „Den wirst du nimmer heben."

Endlich hatten sie die Höhe erreicht, Krahirius flog voran mit ausge-breiteten Schwingen und liess sich auf dem Baumstamm nieder. Hinzel-meier wankte zitternd hinterher. Als er aber den Baum erreicht hatte, brach er zusammen. Der Wanderstab glitt aus seiner Hand, sein Kopf sank auf den Stein zurück; doch in demselben Augenblick fiel auch die Brille von seiner Nase. Da sah er tief am Horizonte, am Rande der öden Ebene, die er durchwandert hatte, die weisse Gestalt der Rosenjungfrau. Noch einmal hörte er aus weiter Ferne:

Rinke, ranke, Rosenschein.

Er wollte aufstehen, aber er vermochte es nicht mehr. Er streckte seine Arme aus, aber ein Frösteln lief über seine Glieder; der Himmel wurde grau und grauer, der Schnee fing an zu fallen, Flocke um Flocke, es flimmerte und flirrte und zog weisse Schleier zwischen ihm und der fernen, nebelhaften Gestalt. Er liess die Arme fallen, seine Augen sanken ein, sein Atem hörte auf. Auf dem Weidenstumpf zu seinen Häupten steckte der Rabe den Schnabel zum Schlaf in seine Flügeldecken. – Der Schnee fiel über beide.

Die Nacht kam, und nach der Nacht kam der Morgen, und mit dem Morgen kam die Sonne, die schmolz den Schnee hinweg. Mit der Sonne kam die Rosenjungfrau; die löste ihre Flechten und kniete neben dem Toten, dass die blonden Haare sein bleiches Antlitz ganz bedeckten, und sie weinte, bis der Tag verging. Als aber die Sonne erlosch, krächzte der Rabe im Schlaf und rauschte mit den Federn. Da richtete die zarte Gestalt der Jungfrau sich vom Boden auf, mit ihrer weissen Hand ergriff sie den Raben bei den Flügeln und schleuderte ihn in die Luft, dass er in den grauen Himmel hineinflog und verschwand. Sie pflanzte die rote Rose an den Stein und sang dazu:

> Nun streck die Würzlein tief hinab,
> Nun wirf die Blättlein übers Grab,
> Und singt der Wind im Abendschein,
> Dann sprich auch du ein Wort darein,
> Mit rinke, ranke, Rosenschein!

Dann zerriss sie ihr weisses Kleid vom Saum bis an den Gürtel und ging zu ewiger Gefangenschaft in den Rosengarten zurück.

Die Rose ist in Europa seit jeher ein Symbol des weiblichen Geschlechts, genau wie im fernen Osten die Lotosblüte. Das Sanskrit-Mantram *om mani padme hum*, das Juwel in der Lotosblüte, ist nicht nur ein Sinnbild für die Vereingung des Gottes mit der Göttin, das Juwel ist auch das göttliche Kind oder das Geistkind, das aus dem sich öffnenden weiblichen Schoss der Rose oder der Lotosblüte geboren wird.

Gurudas schreibt in seinem Buch über Blumen-Essenzen (*Flower Essences and Vibrational Healing*), dass die Lebenskraft in Rosen (und in Lotosblüten) intensiver und universeller ist als in anderen Blumen. Er sagt: „*Roses are a seperate and complete system of healing and conscious growth in themselves and will become extremely important in the future. Roses were fully formed by angelic forces before the fall from spirit. They are a biological prophecy created in full perfection, so no further development of this species took place in Lemuria. Roses are as a process or a system of medicine to help return to the realm of the spirit. In contrast other plants and flowers, even with the extended development in Lemuria, are still achieving a state of full perfection. Even hybridized roses manifest this state of perfection.* (Die Rosen sind ein eigenes und komplettes System für Heilung und geistiges Wachstum, und sind für die Zukunft der Erde von grösster Bedeutung. Rosen waren bereits vollendet durch die Schöpferkraft der Engel ehe der Fall vom Geist in die Materie geschah. Sie sind eine biologische Prophezeihung in reinster Vollkommenheit, also wurden sie in Lemurien nicht wie die anderen Pflanzen weiter entwickelt. Rosen helfen uns dabei ins Reich des Geistes zurückzukehren. Alle anderen Pflanzen und Blumen sind immer noch unterwegs zur absoluten Vollkommenheit. Aber die Rose ist sogar hybridisiert ganz und gar vollendet.)

Die erste Blume, die ich in meinem Garten in Irland pflanzte, war eine Rose. Es gab zu meinem Erstaunen in unserem ganzen grossen Garten und dem Land darum herum keine einzige Rose. Das hat sich inzwischen gründlich geändert. Die lieben Rosen sind überall, wild und kultiviert, als Büsche oder als Kletterrosen. Besonders zugeneigt bin ich den zartgeformten, altmodischen und stark duftenden Rosen, die mich an den Garten meiner Grossmutter

erinnern. Ich verehre die tieforange Austin-Rose „*Lady of Shalott*"
mit dem typischen Teerosenaroma und einem Anflug von Äpfeln und
Nelken, die hellrosa „*Scepter'd Isle*", die so rund ist wie der Mond
und unvergleichlich nach Myrrhen duftet, und das leuchtende,
samtene Purpurrot der William-Shakespeare-Rose, das sich in ein
ebenso leuchtendes Violett verwandeln kann.

Die Rose als Gartenpflanze geht in unseren Breitengraden mit
Sicherheit zurück bis ins vierte Jahrhundert vor Christus.
Teophrastus beschreibt Rosen mit hundert Blütenblättern, und
keine wilde Rose hat mehr als fünf davon. Perser, Griechen und
Römer pflegten und schätzten Rosen, in Persien war die Rose sogar
als Allheilmittel bekannt.

Aber unser „normales" Dasein ist alles andere als ein Rosengarten.
Wir müssen in einem System mit Gesetzen, Vorschriften und
Glaubenssätzen leben, die zumeist nicht von uns selber stammen.
Unser Dasein verläuft in alten Geleisen und Strukturen, die andere
angelegt haben. Wir zahlen Steuern, Versicherungen, Abgaben
aller Arten. Wir brauchen Eintrittskarten, Fahrkarten und
Ausweispapiere für alles und jedes. Geld regiert die Welt. Unser
Erziehungswesen ist so festgelegt, dass es für viele Kinder
unzulänglich und einengend ist. Dieses äusserliche Bild unserer
Existenz auf diesem Planeten ist nur der Spiegel unserer geistigen
Gefangenschaft, die von Platon so treffend beschrieben wird. Der
griechische Philosoph Platon sieht uns und sich selber in seinem
Werk „Die Republik" nicht nur als Gefangene in einer dunklen
Höhle, er sieht uns zusätzlich in Fesseln, die uns keine Bewegung
erlauben, nicht einmal das Drehen des Kopfes. Wir sehen die
Schatten von Gegenständen an uns vorüberziehen, und wir halten
diese Schatten für die Wirklichkeit, denn wir kennen keine andere.
Platon spricht die Wahrheit: wir sind nicht frei. Auch Anarchie und
Terrorismus sind Systeme, Paradigmen, und weder Reichtum noch
Armut erlösen uns von unseren Ketten oder beschützen uns vor
Krankheit und Tod. Es ist unmöglich auszumachen, was für Leib und
Seele verderblicher ist: extreme Armut oder extremer Reichtum.
Wir alle haben unsere Gewohnheiten und Routinen, die uns lieb
geworden sind und auf die wir sehr ungern verzichten. Sucht-
verhalten ist schon beinahe selbstverständlich und keineswegs auf

Alkohol oder andere Drogen beschränkt. Menschen sind süchtig nach Geld, Arbeit, Beifall, Macht, Sex und vielem mehr. Wenn wir sterben, kommen die meisten von uns ins Astralreich, und auch dort gibt es Gesetze, und wir behalten einen grossen Teil von unseren ererbten Überzeugungen und Vorurteilen, und wenn wir wieder geboren werden, sind wir oft nicht viel oder auch gar nicht weiter gekommen.

Die Frage, die Platon vor rund zweitausendfünfhundert Jahren weder gestellt noch beantwortet hat, ist: Wer oder was hält uns gefangen und wie lange schon?

Ich weiss es nicht, aber ich denke die Frage ist sehr wichtig, und ihre Antwort könnte einiges mit dem Kontrollapparat der Weltreligionen und im Besonderen mit dem Phänomen des Monotheismus zu tun haben. Der Unterschied zwischen den Kelten und den Christen in Irland zum Beispiel war unter anderem der, dass die Kelten das Christentum akzeptierten, aber dass sie selber von den Christen verdammt wurden. Die irischen Druiden wussten mehr über Christus als die Missionare, die zu ihnen geschickt wurden. Sie nannten Christus den „König der Elemente" und in ihren Visionen sahen sie seine Geburt, sein Leben und seine Hinrichtung. So tief und liebevoll war ihr Verständnis, dass ihre Göttin Bridget bei Christi Geburt anwesend und die Amme des Jesuskindes war. Ein irischer König kam vor Schmerz ums Leben, weil er in einer Vision wahrnahm, wie Christus gekreuzigt wurde, und er es weder fassen noch akzeptieren konnte. Aber die christliche Religion wurde leider auch in Irland immer intoleranter, grausamer und tyrannischer, ich möchte fast sagen: sie wurde wie in J. R. R. Tolkiens „Herr der Ringe" *the one ring to find them all and in the darkness bind them*, (der eine Ring –oder der eine Gott–, der alle Menschen heimsucht und sie in der Dunkelheit fesselt und gefangen setzt). Das zeigt sich gerade heute deutlich in den Auseinandersetzungen um Abtreibung. Die fundamentalistischen Pro Lifers (die militante christliche Organisation „Fürs Leben") behaupten den Fötus zu ehren, aber sie ehren weder die Frau noch den Schoss und am wenigsten die Göttin. Sie sagen, sie seien für das Leben, aber das Leben in seiner Gesamtheit (Pflanzen, Tiere, Minerale, Elemente) wird von ihnen, wie von vielen Menschen, in der Hauptsache abgelehnt, verachtete, verfolgt und oft ruchlos vernichtet. Freiheit ist ein Fremdwort für Organisationen dieser Art. So hatten wir in Irland die tragische Situation, dass ein vierzehnjähriges, durch eine Vergewaltigung geschwängertes Mädchen vom Staat gezwungen wurde das Kind auszutragen, und nur Dank dem europäischen Gerichtshof, der sich auf die Menschenrechte berief, abtreiben konnte. Ein Fall unter unzähligen und beileibe nicht der schlimmste. Für eine religiös beherrschte Regierung existieren die Menschenrechte nicht, jedenfalls nicht im Bezug auf Frauen, von den Rechten der Natur ganz zu schweigen.

Der irische Schriftsteller Max Rabbit schreibt in „Old Sod's Big Book of New Irish Comedy": *„As we all all know, Ireland in the 1950's was a forlorn priest-ridden, doomladden culturally sodden bog, permanently overhung with a heavy ceiling of soot-black cloud from which a never ending downpour of unrelenting misery hammered on the wretched rooftops of the nation, drenching the ragged faithful, who struggled under the weight of ten foot rat-eaten crosses as they groped their way by the light of the occasional lightening flash to the huddled gloom of their candle-lit chapels to be terrorised by violent, skull-faced priests, frantic to roast them alive in a pit for all eternity if they as much as looked sideways at an English muffin, while the nations drink-sodden intellectuals muttered dark verses of death and despair in the course of staggering from their barstools to the relative shelter of blighted hawthorn trees from which to hang themselves."*

(Wie wir alle wissen, war Irland in den 50er-Jahren ein elender, von Priestern geplagter, kulturell versumpfter Morast, von kohlschwarzen Wolken überdacht, von denen ein permanenter Niederschlag von unablässigem Elend auf die Dächer hämmerte und die schäbigen Gläubigen durchnässte, die unter dem Gewicht ihrer rattenzerfressenen Kreuze niedergebeugt den Weg in die düsteren Kirchen suchten, um dort von gewalttätigen, ausgemergelten Priestern terrorisiert zu werden, welche ihnen mit dem ewigen Höllenfeuer drohten, falls sie sich unterstehen sollten ein einziges Mal nach einem englischen Kuchen zu schielen. Gleichzeitig murmelten die stockbesoffenen Intellektuellen dunkle Verse von Tod und Verzweiflung während sie aus der Bar zu einem Weissdornbusch taumelten um sich dort zu erhängen).

Vielleicht ein bisschen übertrieben, es ist ja schliesslich eine Satire, aber im grossen Ganzen: *bullseye*, Bingo, getroffen! Wer das bezweifelt, müsste nur einen Bericht über die grosse Hungernot in Irland in Betracht ziehen oder Samuel Beckett's Dramen genauer lesen, vor allem „*Krapp's last tape*" und „*Happy days*"! Viel Spass.

Trotzdem träumen wir alle von Freiheit, wir träumen vom Fliegen, von anderen Dimensionen und Daseinsmöglichkeiten. Viele kluge Menschen haben behauptet, dass die Leidenschaft für Macht und Kontrolle die grösste innewohnende Triebkraft des Menschen sei, aber ich halte den Drang nach Freiheit für viel dominanter und in jeder Hinsicht wesentlicher. Auch der Dichter Theodor Storm, der Jura studierte und seinen Lebensunterhalt als Rechtsanwalt, Gerichtsassessor, Kreisrichter und Landvogt verdiente, träumt in dieser nachdenklichen Geschichte davon, durch die Rosenjungfrau frei zu werden. Er ist nicht der einzige, der die Liebe als Schöpferkraft einer neuen und besseren Welt sieht.

Es gibt eine Prophezeihung der Katharer aus dem Jahr 1244 nach Christus, die verspricht, dass ein Tempel der Liebe gegründet werden wird in der Zeit, in der wir gerade leben und in der ich eben jetzt am Computer sitze und schreibe.

Der Name Katharer kommt vom griechischen Wort „*katharos*", das „rein" bedeutet. Die Katharer waren eine sehr starke und weit verbreitete christliche Glaubensgemeinschaft, die, soweit wir wissen, zunächst in Köln am Rhein in Erscheinung trat, im Jahre 1143. Es gab Katharer in ganz Europa, aber hauptsächlich in Südfrankreich (Okzitanien) und Oberitalien. Katharische Priester- und Priesterinnen predigten in der Volkssprache, nicht in Latein. Sie waren VegetarierInnen und lebten bescheiden und enthaltsam. Wie die Gnostiker, die ungefähr tausend Jahre vor ihnen auf- traten, praktizierten sie die Gleichberechtigung der Frau und sahen die Welt als Fehlgriff. Daher strebten sie zwar nach Vollkommenheit, aber sie hatten keine Gesetze, denn in einer Welt des Bösen wären es nur Gesetze des Bösen für das Böse. Wer tiefere Einblicke hat in die heutige Politik oder in das, was wir Rechtsstaat nennen, weiss sehr genau, was die Katharer meinten mit den Gesetzen des Bösen für das Böse. Dem Papst war all das ein Dorn im Auge, und schliesslich organisierte er einen Kreuzzug gegen die Katharer und setzte die Inquisition in Bewegung. Die letzte Zuflucht der Katharer war die Bergfestung Montsegur. Es gibt viele, die in dieser Festung die Gralsburg Montserrat vermuten. Die Prophezeihung des Heiligtums der Liebe wurde wahrscheinlich hier empfangen und aufgezeichnet, ehe die letzten Katharer verbrannt wurden. In der letzten Nacht vor der endgültigen Hinrichtung sind zwei oder drei Katharer geflohen um die Prophezeihung zu bewahren.

Friedrich Nietzsche sagte: „alle Lust will Ewigkeit", aber es ist vor allem die Liebe, die darauf besteht, die Illusion der linearen Zeit abzuschütteln. Shakespeare's Julia bringt sich mit vierzehn Jahren um, damit sie für immer mit ihrem geliebten Romeo zusammen sein kann, und es gibt unzählige Menschen, die genau so empfinden wie sie. Natürlich ist die Liebe, von der die Katharer sprechen, nicht nur die Liebe zwischen Mann und Frau. Es ist die Liebe überhaupt, die Liebe über allem und in allem.

Jede Liebe, die tief empfunden wird, kann ein Heiligtum erschaffen, fern von der sichtbaren Welt, wo das Wunderbare alltäglich ist. Die Türe dazu kann, wie im Märchen von der Rosenjungfrau, in unserem eigenen Hause sein. Ich habe seit geraumer Zeit den Eindruck, dass ich in meinem Arbeitszimmer durch die Wand in ein Zimmer gelangen kann, wo alle Tiere, die jemals bei uns wohnten, daheim sind. Die vielgeliebten Katzen, Kaninchen, Hühner und Hunde und der kleinen Vogel, den wir auf der Strasse fanden mit gebrochenen Flügeln und den wir für ein paar Wochen pfegen durften. Es ist ein grosses, heiteres Zimmer mit einem offenen Kamin, wo immer ein Feuer brennt. Grosse Fenstertüren sind offen in den Garten, und die Tiere gehen aus und ein nach Lust und Laune. Das Zimmer bleibt sich meistens gleich, wenn ich es im Geiste besuche, aber der Garten verändert sich. Die Bäume, die ihn umgeben, gehören manchmal zu einem Tannenwald im Gebirge und manchmal sind es Palmen an einem tropischen Sandstrand. Aber ganz gleich wie er mir erscheint: es ist immer ein Ort der Heilung für alle, die ihn betreten.

Der norwegische Dichter Henrik Wergeland ging als Kind im Park von Kristiansand mit seinen Eltern spazieren. Er wurde für eine Weile allein gelassen, vermutlich weil seine Eltern einen Freund trafen und sich mit ihm unterhielten. Plötzlich sah der kleine Junge eine Felswand und darin riesige Kristalle in allen Farben des Regenbogens. Es war, als wären die Bäume im Park beiseite getreten, um ihm dieses Wunder zu enthüllen. Der Dichter vergass diese Vision nie wieder. Jedesmal, wenn er geschliffenes Glas sah, wurde er daran erinnert. Aber er fand diesen Ort nicht wieder. Es gibt keine Felsen im Park von Kristiansand.

Es ist schwer zu glauben, aber die Türe in eine andere Wirklichkeit war für den schwedischen Dichter Viktor Rydberg das Kirchengesangbuch. Er verlor seine Mutter mit sieben oder acht Jahren und ihr Tod warf einen düsteren Schatten auf seine sonst glückliche Kindheit. Nicht lange nach diesem schweren Verlust öffnete der Junge in der Kirche von Jönköping sein Gesangbuch um mit der Gemeinde einen Psalm zu singen. Dabei betrachtete er eine Illustration darin, einen schwarzweissen Holzschnitt, welcher König David mit der Harfe darstellte. Ganz unerwartet wurde die Illustration lebendig in ungeahnter Farbenpracht. Von den Saiten der Harfe, die David berührte, sprangen Funken und wurden zu himmlischen Melodien. Viktor verwandelte sich in eine Lerche und flog ins heilige Land und über die Stadt Jerusalem. Er traf seine Mutter und hatte fortan die Gewissheit, dass ihn nichts und niemand mehr von ihr trennen würde.

Das Gewöhnliche verbindet sich sehr oft mit dem Fantastischen. Der Name „Hinzelmeier" scheint der Inbegriff des Spiessbürgerlichen, und doch gehört das Ehepaar Hinzelmeier zu den Unsterblichen. Auf dem alten, staubigen Dachboden findet sich plötzlich ein Schrein mit goldenen Flügeltüren und Schnitzereien, deren Tierfiguren lebendig sind. Auch die Rose selber, das Wunder der Schöpfung mit einem Duft, der so lieblich ist wie der lebendige Atem der Engel des Lichts, ist auf unserer Erde für die meisten Menschen altgewohnt und selbstverständlich geworden.

Frau Abel sagt zu ihrem Sohn, dass er etwas Besonderes ist und etwas anderes als die gewöhnlichen Menschen. Jede liebende

Mutter sieht ihre Kinder als einzigartig, und genau das sind sie ja auch. Die Vorstellung, dass es begabte, begnadete und andere Menschen geben soll, erfüllt mich mit Unbehagen, und ich bin mit den Katharern einig, dass jeder Mensch zum Tempel der Liebe und der Rose gehören kann. Wir alle haben eine Einladung erhalten, und unser Herz zeigt uns gerne und bereitwillig den Weg dahin.

Der junge Hinzelmeier will den Stein der Weisen suchen, und so geht zu einem Alchemisten in die Lehre. Die Wissenschaften der Alchemie und der Kabbalah und der Hermetik, soweit sie bis heute überliefert wurden, sind miteinander verwandt, und alle haben als tiefstes Geheimnis die Rose. Wir wissen von keinem einzigen der diesbezüglichen namhaften Gelehrten, ob sie dieses Geheimnis ergründet haben, obwohl die Rose immer wieder in ihren Büchern erwähnt wird. Die Rose ist identisch mit der *Shekina*, der weiblichen Seele der Schöpfung, und somit auch die Seele jeder wahren Kunst oder Wissenschaft, und sie ist durch die Herrschaft des Patriarchats schon sehr lange verloren gegangen. Die Gnostiker und die Katharer taten ihr Bestes die Shekina aus dem Exil zurückzubringen, aber sie wurden verfolgt und ausgelöscht. Es gibt in der hebräischen Literatur viele Klagelieder über die verschollene Shekina, aber sogar in seiner diesbezüglich leidenschaftlichsten und lautstarksten Trauer würde kein einziger jüdischer Patriarch ihre Gegenwart wirklich geduldet haben.

Hinzelmeier sucht eine Kunst, die noch niemand erlernt hat. Aber obwohl die meisten „grossen" Gelehrten tatsächlich nur Alt-gesellen sind und keine Meister, wie Hinzelmeier seinen Eltern schreibt, so gibt es doch Hinweise, dass Christus mit der Alchemie vertraut war und sie meisterte. Er verwandelte Wasser in Wein und nährte mit wenigen Fischen und Broten Tausende von Menschen. Obwohl das Christentum als Staatsreligion keine Mühe scheute jede Überlieferung zu unterdrücken, die uns mitteilen könnte, ob Christus verheiratet war und weibliche Jünger hatte, eines weiss ich mit Sicherheit: Er war einer, der zum Tempel der Liebe und der Rose gehörte, und er tat sein Möglichstes alle Menschen, die ihm begegneten, einzuladen darin einzutreten, sogar diejenigen, die ihn auspeitschten, mit Dornen krönten und ans Kreuz nagelten. Er liess sich nicht missbrauchen von der herrschenden Politik oder Religion, und der jüdische Hohepriester war sehr viel mehr interessiert daran ihn zum Tode zu verurteilen als der römische Statthalter. Ich habe daher nie verstanden warum die „Christen" das alte Testament als heilige Schrift verehren. Es ist einfach ein interessantes altes Buch, wie viele andere, und auch die Evangelien wurden von Menschen geschrieben und nicht von seligen Geistern. Wer Christus tatsächlich begegnen möchte, muss ihn in seinem Herzen suchen.

Der Alchemist, bei dem Hinzelmeier in die Lehre geht, treibt schwarze Magie. Er lässt den Jüngling nicht frei, wenn die Lehrjahre vorüber sind, sondern heftet sich als dunkler Geist an seine Fersen. Der Rabe in unserer Geschichte ist kein Vogel, sondern ein Teil des durchtriebenen Alten, der, wie alle Schwarzmagier, nur eines will: Kontrolle über andere. Weil er sich selber nicht meistert, muss er andere beherrschen und maniupulieren. Nur etwas kommt dem Jüngling zu Hilfe, nämlich die Erinnerung an seine Mutter. Es ist ihr Lied, das die Rosenjungfrau herbeiruft. Aber Hinzelmeier ist jung, unerfahren und hat keine Ahnung von den üblen Absichten seines Lehrmeisters. Leider ist er auch ehrgeizig, und sein Ego ist stärker als sein Herz und die leise Stimme seine Seele.

Während meiner Ausbildung beim *Sacred Trust* in England (ich belegte einen Kursus über das uralte Weistum der Imkerinnen „*The Way of the Melissae*" und später den Jahreskurs für Tierheilkunde „*Animal Spirit Medicine*" und zuletzt lernte ich „*Compassionate Depossession*"), kam mir ein Buch in die Hände über Schamanismus, wie er weltweit praktiziert wird. Darin wird, ausgehend von vielen verschiedenen Quellen, eingehend beschrieben und belegt, dass in vielen Ländern der Erde gut die Hälfte aller Schamanen oder Priester Schwarzmagier sind. Was die Priester betrifft, so ist der Satanismus enorm gewachsen, und viele Priester der christlichen Kirchen und andere Personen mit wichtigen und einflussreichen Stellungen in unserer Gesellschaft gehören dazu, natürlich meist ohne dass der normale Bürger davon die geringste Ahnung hat. In den USA gibt es eine besondere Polizei-Abteilung, die sich mit diesem Phänomen befasst. Auch viele Sozialarbeiter wissen davon, denn Satanisten missbrauchen, quälen und töten oft Tiere und kleine Kinder. Ein spiritueller Heiler in Thailand drückte das so aus: „Die Schwarzmagier machen die Menschen krank, und wir machen sie wieder gesund."

Es wäre für junge Menschen, die sich für Spiritualität interessieren, sehr nützlich, wenn sie wüssten wie gefährlich Schwarzmagie in Tat und Wahrheit ist und wie wichtig es ist sich zu schützen. Die Grundlagen der Lichtarbeit sollten eigentlich in jeder Schule unterrichtet werden. Auf sich allein gestellt hat Hinzelmeier keine Chance. Sein Lehrmeister verspricht ihn loszusprechen und tut genau das Gegenteil davon. Das ist typisch für einen Schwarzmagier. Der böse Geist, der hinter ihm steht und ihn besitzt, ist der Vater der Lügen. Eine gefährliche Erscheinung für einen Jüngling, der liebevolle und wahrheitsliebende Eltern hat und deshalb erwartet, dass andere Menschen ihnen gleich sind. Besonders fatal ist die altbekannte Tatsache, dass viele junge Menschen die bösen Geister interessant finden und sich einbilden ohne weiteres mit ihnen fertig zu werden. Der Teufel wird leider in der Geschichte von Hinzelmeier zu einer Witzfigur, die niemand ernst nehmen kann. Hinzelmeier begegnet ihm zunächst mit Respekt, denn er sieht ihn als Physiker. Der Teufel doziert: „Drei Pfund Schiesspulver, ein Fünkchen Höllenfeuer dazu, dann - - !" Heute können wir den Satz zu Ende führen und hinzufügen: „- - dann die Atombombe!" Was mir besonders auf die Nerven geht bei diesem Teufel sind die Hörner und der Schwanz. Das Abscheulichste an uns Menschen ist meines Erachtens unsere verfluchte Manie die Tiere und überhaupt die Natur zu verteufeln. Es ist schlimm genug, dass wir Tiere geringschätzen, versklaven, umbringen und verschlingen. Die alten Griechen hatten wenigstens genug Einsichten, dennoch das Göttliche im Tier wahzunehmen. Zeus wurde zum Schwan und zum Stier, der grosse Pan hat wundervolle Ziegenhörner und Beine, und allen griechischen Göttern waren die Tiere heilig.

Welche Bedeutung hat die fatale grüne Brille, welche den Blick des armen Hinzelmeiers unfehlbar auf das Unwesentliche lenkt und das Wesentliche verschwinden lässt? Ein Mensch geht zu Beginn seines Lebens, also gerade dann, wenn er am meisten offen und lernbegierig ist, Tag für Tag stundenlang zur Schule. Heutzutage wird ausserdem fast jedes Kind mit Computern, Mobiltelefonen, TV und Maschinen der verschiedensten Arten konfrontiert. Als Jugendliche, wenn die Kraft von Shiva und Shakti in ihnen emporschiesst und ihre Kreativität keine Grenzen kennt, werden sie in eine Gesellschaft eingeführt, die vom sogenannten Intellekt beherrscht wird, das heisst im Allgemeinen nur von der einen Seite des Gehirns Gebrauch macht und von dieser Seite auch nur von einem kleinen Teil. Sie wachsen in eine Gesellschaft, die nicht viel übrig hat für Mystik und die Geheimnisse der Seele, die Intuition und Gefühle weitgehend ablehnt. Sie müssen die Krieggeschichte der alten Römer studieren und die Handelsbeziehungen der Weltmächte. Sie wissen Bescheid über Mathematik, Biologie, Geologie, Chemie und Physik und alte und neue Sprachen. All das verdichtet sich allmählich zu einer grünen Brille. Noch kann der junge Mensch die Brille ab und zu abnehmen, aber wenn er die Universität betritt und dort brilliert und später Karriere macht, dann wird dieser Blick durch die grünen Gläser in vielen Fällen permanent. Natürlich ist die Universität nicht der einzige Ort, der unsere Sichtweise prägen kann. Auch die politische Arena hat diese Tendenz. Kurz, die ganze Gesellschaft und die Welt überhaupt tendiert dazu uns gefügig und konform zu machen. Die grosse Beliebtheit von Harry Potter gründet sich darauf, dass dieses Kind unserer Wirklichkeit entkommen kann und in einer anderen Welt eine Schule für Zauberer besucht.

M. Scott Peck, der Autor des vielgelesenen Buches „*The Road less Travelled*" („Der wunderbare Weg"), den ich im übrigen sehr schätze, hat später geschrieben, dass alle Magie schwarze Magie sei. Etwas Dümmeres habe ich noch selten gelesen, und nur Pecks völlige Unkenntnis der Magie kann ihn dazu verleitet haben, diesen Blödsinn von sich zu geben. Die weisse Magie ist eines der allergrössten Wunder auf Erden. Sie gehört zum Tempel der Liebe und der Rose. Aber ich muss zugeben, dass sie fast so selten ist wie weisse Elefanten. Viele Magier haben sowohl gute wie auch weniger gute Absichten. Andere sind reine Scharlatane oder Illusionisten. In der weissen Magie wird die Persona unwichtig und das Ego zum Diener des göttlichen Selbst.

Hinzelmeier bildet sich ein den Teufel ins Weltall schiessen zu können. Sein pathetischer Grösserwahn entbehrt nicht einer gewissen grausigen Tragikomik. Mit dem Teufel wird er scheinbar fertig, aber der böse Geist Krahirius bleibt ihm treu. Letzterer vernichtet alle seine Möglichkeiten, sich mit der Rosenjungfrau zu vereinen und treibt ihn unaufhaltsam in den Untergang. Es ist nicht so einfach über den eigenen Schatten zu springen. Wie die Katharer prophezeithen: Wir können die Welt nur verändern, wenn wir zuerst uns selber verändern.

Dass Hinzelmeier seinen Weg mehr und mehr verfehlt, ist vorausprogrammiert. Es ist die altgewohnte menschliche Tragödie. Dennoch möchte uns Theodor Storm eindringlich davon überzeugen, dass der Jüngling und später der Mann immer und immer wieder eine echte Chance hat einem einsamen und elendiglichen Tod zu entgehen. Die Liebe ist stärker als der Tod und viel stärker als jede schwarze Magie. Es gab einmal eine Zeit auf unserer Erde, da wurde niemand krank, und Todesangst war unbekannt. Die Menschen verliessen ihren Erdenleib freudig und dankbaren Herzens und verwandelten sich am Ende ihres Lebens, so wie noch heute der Schmetterling aus der Raupenpuppe schlüpft, um uns daran zu erinnern, dass auch wir geflügelte Wesen waren und wieder sein können.

> ...Das macht, es hat die Nachtigall
> Die ganze Nacht gesungen...

Das wunderschöne Lied, das der junge Hinzelmeier singt, und das die Rosenjungfrau zu ihm bringt, hat Theodor Storm gedichtet, als er sich als alter Mann in ein sehr junges Mädchen verliebte, um sie anhielt und von ihren Eltern abgewiesen wurde. Goethe hat mit fortgeschrittenen Jahren dasselbe erlebt. Thomas Mann seinerseits hat diese Tragödien nachempfunden in seiner berühmten Novelle „Tod in Venedig". Aber abgewiesene Liebe ist dennoch Liebe mit all ihrem Zauber und ihrer Verklärung. Liebe muss nicht erwidert werden um ihre Macht voll zu entfalten. Wie Platon sagte: Der Gott ist vor allem in dem, der liebt, weit mehr als im Geliebten.

Alkibiades, der Sokrates umsonst zu verführen trachtete, erkannte in ihm gerade deshalb, weil sein Verlangen nicht gestillt wurde, die goldene Essenz des göttlichen Selbst.

Warum nimmt also die Geschichte von Hinzelmeier und der Rosenjungfrau ein derart trauriges Ende? Theodor Storm sieht die Rosenjungfrau als eine Gefangene im mystischen Rosengarten, aber ich bin nicht sicher, ob ich diese Ansicht mit ihm teile. Ich selber bin jetzt so alt wie der Geheimrat Goethe als er sich zum letzten Mal leidenschaftlich verliebte. Für mich hat das Alter sehr viel Gutes, mindesten soviel wie die Jugend, und wenn ich ehrlich bin: sogar mehr. Ganz gewiss ist für mich der Eingang in den Rosengarten so offen wie damals, als ich mich zum ersten Mal der Liebe hingab, mit ungefähr zwölf Jahren. Ich sah einen lachenden Jüngling, der mir völlig unbekannt war, von einer Schaukel stürzen. Als er schwer verletzt im Gras lag, sah ich nur seinen Rücken, aber in diesem Augenblick traf mich der feurige Pfeil des geflügelten Eros. Ich sprach mit niemandem über dieses Erlebnis, und ich habe keine Ahnung, was mit dem armen Knaben weiter geschah, denn ich sah ihn nie wieder. Aber viele Monate lang spürte ich eine grosse und tiefe Liebe für ihn, die mich völlig erfüllte. Damals kniete ich zum ersten Mal andächtig vor dem Schrein mit den goldenen Flügeln. Seither geht für mich die Liebe immer Hand in Hand mit der Allbarmherzigkeit, und ich empfinde für Menschen nicht tiefer als für Tiere und Pflanzen und Feen und Elfen und Dryaden und Zwerge und alles, was es gibt. Die Passion, die ich heute viel feuriger empfinde als jemals in diesem Leben, ist *Compassion*, ein schönes und umfassendes Wort für Mitgefühl.

Dennoch ist mir sehr klar, dass für den Dichter dieser Geschichte das tieftragische Ende sehr real und ganz zuletzt unwiederruflich erscheinen muss. Er hat es so erlebt. Obwohl die Rosenjungfrau wiederholt in sein Leben trat und er sie auch als solche erkannte, ist er den dunklen Geist nie losgeworden. Er folgt ihm in den Untergang. Die Shekina zerreisst ihr weisses Kleid vom Saum bis an den Gürtel und geht zurück in eine ewige Gefangenschaft.

Ist die Shekina wirklich auf das Wohlwollen und die Billigung eines Mannes angewiesen? Kann sie nur von einem Mann, von einem

„Herrn" der Rose, befreit werden? Natürlich nicht. Aber jeder Mensch schafft sich seine eigene Realität. Wir haben die Wahl. Männer *und* Frauen, denn auch Frauen können eine „grüne Brille" tragen, können von einem bösen Geist verfolgt werden, und sie können ohne weiteres ihren Lebensweg ausschliesslich von ihrer männliche Seite bestimmen lassen.

Es ist eine seltsame Ironie, dass Hinzelmeier durch seine Suche nach dem Stein der Weisen seinen Weg verfehlt. Der Baum des Lebens, die Kabbalah und die Alchemie waren ursprünglich Weisheitslehren vom göttlichen Gleichgewicht zwischen männlichen und weiblichen Eigenschaften, sie verkündeten klar und deutlich, dass jeder Mensch beides ist und sein muss, um in der Auferstehung von der Wurzel des Lebensbaumes in die Krone zu gelangen. In der Wurzel ist auch der Stein der Weisen, denn diese Wurzel ist ein Sinnbild des Medizinrades. Im Osten des Medizinrades ist das Lichtschwert des Geistes, im Süden ist der Zauberstab, im Westen der heilige Gral und im Norden der Stein der Weisen. Diese vier Kostbarkeiten des vollkommen erleuchteten Menschen sind wiederum ein Bild des Gleichgewichts des Schöpfung, und es ist unmöglich die eine zu verstehen ohne die anderen. Sie gehören zusammen, sind eine Einheit, sie symbolisieren ja auch die Heilkraft der vier Elemente. Der Stein der Weisen ist nicht ausserhalb von uns, sondern in uns. Meine ehemalige Lichtarbeit-Lehrerin und jetzige Freundin Amorah Quan Yin in Mount Shasta nimmt ihn wahr als einen hundertachtfach facetierten Kristall in der Stirn, hinter dem dritten Auge. Es ist auch wichtig sich daran zu erinnern, das die Wurzel des Lebenbaumes sich in der Krone spiegelt und umgekehrt. Wie oben so unten. Wie unten so oben.

Auch die Rose und der Rosengarten sind zuallererst in uns und nicht ausserhalb von uns. Die Rosenjungfrau (die Shekina) ist unsere eigene Seele geradeso wie sie die Seele der gesamten Schöpfung ist.

Aber Hinzelmeier hat von diesen Dingen keine blasse Ahnung, er ist seinem vermeintlichen Raben, dem Schatten seines Lehrmeisters, des Schwarzmagiers, hörig. Er erlebt den Stein der Weisen schliesslich als einen alten Käse und zum Schluss als Grabstein.

Eigentlich ist der zweite Teil seiner Geschichte weniger tragisch als vielmehr ganz einfach furchtbar langweilig. Wenn ein Mensch einen Fehler ad infinitum wiederholt, kriegen sogar seine Schutzengel das Gähnen. Das Böse ist weder lächerlich noch faszinierend, es ist banal, eintönig und unfruchtbar. Es kann nichts erschaffen und ins Dasein rufen, es kann nur niederreissen, quälen und zerstören. Es hilft niemandem, es fördert nichts, es öffnet keine Türen, es ist das ewige Nein, das zuletzt auch sich selber verneinen und auslöschen muss. Interessant ist für mich lediglich, warum Theodor Storm sein Dasein mindestens teilweise so wahrnahm wie den Lebenslauf des armen Hinzelmeiers. Vielleicht erwartete er von einem jungen Mädchen das, was er in sich selber hätte suchen sollen. Ebenfalls von Interesse ist die alte Frage, die ich bereits eingangs gestellt habe: Wer oder was hält die Menschheit gefangen und wie lange schon?

Wie gesagt, Platon hat darauf keine Antwort, wohl aber die Gnostiker und die Katharer. Aber Platon hatte in jedem Falle eine Vorstellung von Freiheit und von einer grösseren Wirklichkeit, ansonsten wäre er sich nicht bewusst geworden, dass er gefangen ist und wie diese Gefangenschaft aussieht. Die Gnostiker sahen mächtige kosmische Wesen, die Archons, als Gefängnisverwalter und als den Ursprung des Bösen. Für sie war der eifersüchtige Gott des alten Testaments ein falscher Gott. Das wahre Göttliche war für sie in Dimensionen jenseits jeder menschlichen Wissenschaft oder Theologie. Solange wir in der dreidimensionalen Wirklichkeit eingeschlossen sind, sind wir, so sagen die Gnostiker, nur ein Schatten von dem, was wir tatsächlich sind und sein sollen. Auch Carl Gustav Jung, der die Gnostik als Wurzel des Urchristentums wahrnahm, sah den Gott Jehova als mindestens halbwegs verschlagen und böse (in: „Antwort an Hiob"). Die meisten heutigen Christen sehen Gott als den Schöpfer der Welt, also als denjenigen, der für die ganze Welt verantwortlich ist. Wenn dieser Gott also den Eindruck hat, dass seine eigene Schöpfung, was den Menschen betrifft, missglückte, dann ist es eigenartig, dass er daraufhin wie ein dreijähriges Kind einen Wutanfall hat, und sich erst wieder beruhigt, wenn sein einziger Sohn Christus am Kreuz hängt. Gott wollte dieses Opfer. Warum? Weil er selber grundlegende Fehler machte?!

Theodor Storm stellt an Stelle von Gott die Rosenjungfrau. Das ist mir persönlich sehr viel lieber als jede mir bisher bekannte Gottheit. Auch der Tempel der Liebe der Katharer ist mir nahe und vertraut. Christus oder Buddha oder Maria losgelöst von jeder Staatsreligion erscheinen mir, wie die Engel, als hilfreiche und weise Lichtwesen. Wie viele Menschen bin auch ich der Ansicht, dass wir letzten Endes selber verantwortlich sind für unser Schicksal. Daher sagt die Geschichte von Hinzelmeier viel aus über Theodor Storm, sie verkündet seine eigene innere Wahrheit.

Ich selber schliesse mich Platon an, auch ich erkenne meine eigene Gefangenschaft, aber nicht die der Rose. Als Ausweg für uns Menschen sehe ich unter anderem auch die Einsicht, dass der Kern unseres Wesens nicht menschlich ist, sondern göttlich. Das trifft auf alles Geschaffene zu, auch auf Tiere und Pflanzen. Es ist in unserer Macht uns selber zu befreien und eine multidimensionale Wirklichkeit wahrzunehmen. Gerade Tiere sind sehr begabt darin andere Dimensionen zu betreten.

Umgekehrt kann ich mir nicht vorstellen, dass sich die ganze Menschheit selber aus freiem Entschluss in die dreidimensionale Falle gesetzt hat. Aber auf irgend eine Weise *ist* das Böse in diese Welt gekommen, denn wir alle kannten ein goldenes Zeitalter, einen Paradieszustand. Die uns bekannten Schöpfungsmythen geben verschiedene Hinweise auf einige Details des Paradiesverlustes. Aber ich bin davon überzeugt, dass viele dieser Geschichten die wahren Umstände eher verschleiern als enthüllen. Ein Verbrecher tut sein Möglichstes seine Taten zu verbergen oder sie einem Unschuldigen anzuhängen. Wir werden von den meisten herrschenden Religionen dazu erzogen uns schuldig zu fühlen. Leider wissen wir heute nicht mehr, was einst geschah. Ich nehme an, wir wurden im zartesten Kindesalter der eben aus der Knospe schlüpfenden Menschheit missbraucht und betrogen, denn Missbrauch und Betrug bestimmen nach wie vor weitgehend unsere irdische Wirklichkeit. Die christliche Religion will uns heute glauben machen, dass Gott ausserhalb von uns existiert, das Böse aber in uns selber wohnt. Dabei verhält es sich genau umgekehrt: In Wirklichkeit ist das Göttliche in uns, und sobald wir diese Tatsache akzeptieren und leben und *sind*, gibt es das Böse nicht mehr.

In der allesumfassenden Liebe und Barmherzigkeit wird jeder Zwiespalt, jede Dualität geheilt. Wo lauter Licht ist, gibt es keine Schatten. Das ist die Botschaft der Rose. *La dance de la rose tout en ronde.*

Das Märchen von Hyazinth und Rosenblütchen

Novalis

Aus „Die Lehrlinge zu Sais"

Vor langen Zeiten lebte weit gegen Abend ein blutjunger Mensch. Er war sehr gut, aber auch über die Massen wunderlich. Er grämte sich unaufhörlich um nichts, ging immer still für sich hin, setzte sich einsam, wenn die andern spielten und fröhlich waren, und hing seltsamen Dingen nach. Höhlen und Wälder waren sein liebster Aufenthalt, und dann sprach er immerfort mit Tieren und Vögeln, mit Bäumen und Felsen, aber leider kein vernünftiges Wort, lauter närrisches Zeug zum Totlachen. Er blieb aber immer mürrisch und ernsthaft, ungeachtet sich das Eichhörnchen, die Meerkatze, der Papagei und der Gimpel alle Mühe gaben ihn zu zerstreuen und ihn auf den richtigen Weg zu weisen. Die Gans erzählte Märchen, der Bach klimperte eine Ballade dazwischen, ein grosser dicker Stein machte lächerliche Bocksprünge, die Rose schlich sich freundlich hinter ihm herum, kroch durch seine Locken, und das Efeu streichelte ihm die sorgenvolle Stirn. Allein sein Missmut und Ernst waren hartnäckig.

Seine Eltern waren sehr betrübt, sie wussten nicht was sie anfangen sollten. Er war gesund und ass, nie hatten sie ihn beleidigt, er war auch bis vor wenig Jahren fröhlich und lustig gewesen wie keiner; bei allen Spielen voran, von allen Mädchen gern gesehen. Er war recht bildhübsch, sah aus wie gemalt, tanzte wie ein Schatz.

Unter den Mädchen war eine, ein köstliches, bildhübsches Kind, die aussah wie aus Wachs, mit Haaren wie goldene Seide, kirschroten Lippen, dazu wie ein Püppchen gewachsen, mit brandrabenschwarzen Augen. Wer sie sah, hätte mögen vergehn, so lieblich war sie. Damals war Rosenblüte, so hiess sie, dem schönen Hyazinth, so hiess er, von Herzen gut, und er hatte sie lieb zum Sterben. Die andern Kinder wussten's nicht. Ein Veilchen hatte es ihnen zuerst gesagt, die Hauskätzchen hatten es wohl gemerkt, die Häuser ihrer Eltern lagen nahe beisammen.

Wenn nun Hyazinth die Nacht an seinem Fenster stand und Rosenblüte an ihrem, und die Kätzchen auf dem Mäusefang da vorbeiliefen, da sahen sie die beiden stehn und lachten und kicherten so laut, dass sie es hörten und böse wurden. Das Veilchen hatte es der Erdbeere im Vertrauen gesagt, die sagte es ihrer Freundin, der Stachelbeere, die liess nun das Sticheln nicht, wenn Hyazinth gegangen kam; so erfuhr's denn bald der ganze Garten und der Wald, und wenn Hyazinth ausging so rief's von allen Seiten: Rosenblütchen ist dein Schätzchen!

Nun ärgerte sich Hyazinth, und musste doch auch wieder aus Herzensgrund lachen, wenn das Eidechschen geschlüpft kam, sich auf einen warmen Stein setzte, mit dem Schwänzchen wedelte und sang:

> Rosenblütchen, das gute Kind,
>
> Ist geworden auf einmal blind,
>
> Denkt, die Mutter sei Hyazinth,
>
> Fällt ihm um den Hals geschwind;
>
> Merkt sie aber das fremde Gesicht,
>
> Denkt nur an, da erschrickt sie nicht,
>
> Fährt, als merke sie kein Wort,
>
> Immer nur mit Küssen fort.

Ah! Wie bald war die Herrlichkeit vorbei. Es kam ein Mann aus fremden Landen gegangen, der war erstaunlich weit gereist, hatte einen langen Bart, tiefe Augen, entsetzliche Augenbrauen, ein wunderliches Kleid mit vielen Falten und seltsame Figuren hineingewebt. Er setzte sich vor das Haus, das Hyazinths Eltern gehörte. Nun war Hyazinth sehr neugierig und setzte sich zu ihm und holte ihm Brot und Wein. Da tat er seinen weissen Bart von einander und erzählte bis tief in die Nacht, und Hyazinth wich und wankte nicht und wurde auch nicht müde zuzuhören. Soviel man nachher vernahm, so hat er viel von fremden Ländern, unbekannten Gegenden, von erstaunlich wunderbaren Sachen erzählt, und ist drei Tage dageblieben, und mit Hyazinth in tiefe Schachten hinuntergekrochen.

Rosenblütchen hat genug den alten Hexenmeister verwünscht, denn Hyazinth ist ganz versessen auf seine Gespräche gewesen, und hat sich um nichts bekümmert; kaum dass er ein wenig Speise zu sich genommen. Endlich hat jener sich fortgemacht, doch dem Hyazinth ein Büchelchen dagelassen, das kein Mensch lesen konnte. Dieser hat ihm noch Früchte, Brot und Wein mitgegeben, und ihn weit weg begleitet. Und dann ist er tiefsinnig zurückgekommen, und hat einen ganz neuen Lebenswandel begonnen. Rosenblütchen hat recht zum Erbarmen um ihn getan, denn von der Zeit an hat er sich wenig aus ihr gemacht und ist immer für sich geblieben.

Nun begab sich's, dass er einmal nach Hause kam und war wie neugeboren. Er fiel seinen Eltern um den Hals und weinte. „Ich muss fort in fremde Lande", sagte er, „die alte wunderliche Frau im Walde hat mir erzählt, wie ich gesund werden müsste, das Buch hat sie ins Feuer geworfen, und hat mich getrieben zu euch zu gehen und euch um euren Segen zu bitten. Vielleicht komme ich bald, vielleicht nie wieder. Grüsst Rosenblütchen. Ich hätte sie gern gesprochen, ich weiss nicht wie mir ist, es drängt mich fort; wenn ich an die alten Zeiten zurück denken will, so kommen gleich mächtigere Gedanken dazwischen, die Ruhe ist fort, Herz und Liebe mit, ich muss sie suchen gehen. Ich wollt' euch gern sagen wohin, ich weiss selbst nicht, dahin, wo die Mutter der Dinge wohnt, die verschleierte Jungfrau. Nach der ist mein Gemüt entzündet. Lebt wohl."

Er riss sich los und ging fort. Seine Eltern wehklagten und vergossen Tränen. Rosenblütchen blieb in ihrer Kammer und weinte bitterlich. Hyazinth lief nun was er konnte, durch Täler und Wildnisse, über Berge und Ströme, dem geheimnisvollen Lande zu. Er fragte überall nach der heiligen Göttin Isis: bei Menschen und Tieren, Felsen und Bäumen. Manche lachten, manche schwiegen, nirgends erhielt er Bescheid. Anfangs kam er durch raues, wildes Land, Nebel und Wolken warfen sich ihm in den Weg, es stürmte immerfort; dann fand er unansehnliche Sandwüsten, glühenden Staub, und wie er wandelte, so veränderte sich auch sein Gemüt, die Zeit wurde ihm lang und die innere Unruhe legte sich, er wurde sanfter und das gewaltige Treiben in ihm allgemach zu einem leisen, aber starken

Zuge, in den sein ganzes Gemüt sich auflöste. Es wr als lägen viele Jahre hinter ihm.

Nun wurde die Gegend auch wieder reicher und mannigfaltiger, die Luft lau und blau, der Weg ebener, grüne Büsche lockten ihn mit anmutigen Schatten, aber er verstand ihre Sprache nicht, sie schienen auch nicht zu sprechen, und doch erfüllten sie sein Herz mit grünen Farben und kühlem, stillem Wesen. Immer höher wuchs jene süsse Sehnsucht in ihm, und immer breiter und saftiger wurden die Blätter, immer lauter und lustiger die Vögel und Tiere, balsamischer die Früchte, dunkler der Himmel, wärmer die Luft, und heisser seine Liebe, die Zeit ging immer schneller, als sähe sie sich nahe am Ziele.

Eines Tages begegnete er einem kristallenen Quell und einer Menge Blumen, die kamen in ein Tal herunter zwischen schwarzen himmelhohen Säulen. Sie grüssten ihn freundlich mit bekannten Worten.

„Liebe Landsleute", sagte er, „wo find' ich wohl den geheiligten Wohnsitz der Isis? Hier herum muss er sein, und ihr seid wohl hier bekannter als ich." – „Wir gehen auch nur hier durch", antworteten die Blumen, „eine Geisterfamilie ist auf der Reise und wir bereiten ihr Weg und Quartier, indes sind wir vor kurzem durch eine Gegend gekommen, da hörten wir ihren Namen nennen. Gehe nur aufwärts, wo wir herkommen, so wirst du schon mehr erfahren." Die Blumen und die Quelle lächelten, wie sie das sagten, boten ihm einen frischen Trunk und gingen weiter.

Hyazinth folgte ihrem Rat, frug und frug und kam endlich zu jener längst gesuchten Wohnung, die unter Palmen und andern köstlichen Gewächsen versteckt lag. Sein Herz klopfte in unendlicher Sehnsucht, und die süsseste Bangigkeit durchdrang ihn in dieser Behausung der ewigen Jahreszeiten. Unter himmlischen Wohldüften entschlummerte er, weil ihn nur der Traum in das Allerheiligste führen durfte. Wunderlich führte ihn der Traum durch unendliche Gemächer voll seltsamer Sachen mit lauter reizenden Klängen in abwechselnden Akkorden. Es dünkte ihn alles so bekannt und doch in nie gesehener Herrlichkeit, da schwand auch der letzte irdische Anflug, wie in

Luft verzehrt, und er stand vor der himmlischen Jungfrau, da hob er den leichten, glänzenden Schleier, und Rosenblütchen sank in seine Arme.

Eine ferne Musik umgab die Geschehnisse des liebenden Wiedersehens, die Ergiessungen der Sehnsucht, und schloss alles Fremde von diesem entzückenden Orte aus. Hyzinth lebte nachher noch lange mit Rosenblütchen unter seinen frohen Eltern und Gespielen, und unzählige Enkel dankten der alten wunderlichen Frau im Walde für ihren Rat und ihr Feuer; denn damals bekamen die Menschen soviel Kinder, als sie wollten.

Der Mann aus fremden Landen erinnert mich, auch in seiner Wirkung auf Hyazinth, an Shakespeares Othello, der Desdemona allein durch die Beschreibung seiner Abenteuer in fernen, unbekannten Ländern für sich gewinnt. Othellos Gegenspieler Jago nennt diese Beschreibungen fantastische Lügen. Damals war ein grosser Teil unserer Erde für die meisten Menschen so fremd wie für uns die Planeten von weit entfernten Sternen. Es war also durchaus möglich für den Weitgereisten, seiner Fantasie die Zügel schiessen zu lassen und dies und jenes zu erfinden. Othello erzählt zum Beispiel von Menschen, deren Kopf unter der Schulter angewachsen sei, für unser heutiges Verständnis der menschlichen Rassen nicht sehr wahrscheinlich. Aber für Desdemona, die Venedig nie verlassen hat, ist alles, was Othello sagt, Wirklichkeit. Othello erinnert sich: *„She loved me for the dangers I had passed; and I loved her, that she did pity them."* (Sie liebte mich für die Gefahren, die ich überstanden hatte, ich liebte sie, weil sie sich darüber erbarmte.)

Desdemona liebt Othello, diese Liebe ist echt und beständig. Aber Othello kennt weder seinen eigenen noch Desdemonas wahren Wert. Er ist zutiefst verunsichert, zweifelt an sich selber und schliesslich auch an seiner Frau, deren Unschuld und Treue ganz offensichtlich sind. Getrieben von einer krankhaften Eifersucht bringt er sie und danach sich selber ums Leben. Eines ist sicher: ohne seine anfänglichen Erzählungen wäre diese Tragödie nicht möglich gewesen. Aber Othello braucht die Schilderungen seiner fantastischen Abenteuer eben gerade *weil* ihm das Bewusstsein für seinen tieferen Wert, für sein göttliches Selbst, fehlt.

Für Hyazinth ist die Wirkung seiner Gespräche mit dem Fremden nicht weniger fatal. Er wird zwar nicht umgebracht wie Desdemona, aber er wird unzufrieden und mürrisch. Er grämt sich unaufhörlich um nichts. Er wird blind und taub für die Rosenblüte und für die wunderbare Natur, die direkt vor ihm, um ihn und in ihm ist. Er redet dummes Zeug, meidet das Licht, sucht Höhlen auf, genauso wie er vorher mit dem Fremden in tiefe Schachten hinunterkroch. Letzteres ist eine hervorragende Beschreibung für Depressionen aller Art. Hyazinth verliert allmählich seinen Verstand. Erst durch die Frau im Walde und seinen Traum von der Göttin wird er geheilt. Er nennt die Göttin Isis und die Mutter der Dinge. Später wird sie zur Rosenblüte.

Der fremde Mann mit den „entsetzlichen Augenbrauen" verführt den Jüngling und hinterlässt ein Buch, das niemand lesen kann. Die Frau im Walde wirft das Buch kurzerhand ins Feuer. Jeder Gegenstand hat mehr oder weniger von der Lebenskraft seiner Besitzer in sich. Ein geübter Magier, der nicht dem Licht dient, kann auch einen Gegenstand verwünschen. Wenn ich mich von einem Menschen, der mich kontrollieren und manipulieren möchte, distanzieren will, ist es am besten ihm alles zurückzugeben, was ich von ihm angenommen habe. Falls das nicht möglich sein sollte, dann leistet das Feuer gute Dienste.

Was im Märchen von Hyazinth und Rosenblütchen auch zur Sprache kommt, ist die Göttin Isis und „Das verschleierte Bild zu Sais." Im Gedicht von Friedrich Schiller sagt der Hierophant zum wissensdurstigen Jüngling, welcher den Schleier sogleich lüften möchte: „Kein Sterblicher hebt diesen Schleier, bis ich selbst ihn hebe. Und wer mit ungeweihter, frevler Hand den heiligen, verbotenen früher hebt, der, spricht die Gottheit, sieht die Wahrheit." Natürlich hebt der Jüngling den Schleier ohne eingeweiht zu sein und ist für den Rest seines Lebens unglücklich. Die Moral von Schillers Gedicht ist schlussendlich: „Weh dem, der zu der Wahrheit kommt durch Schuld. Sie wird ihm nimmermehr erfreulich sein."

Wie ein Mensch seine Götter auffasst, sagt sehr viel aus über den jeweiligen Menschen, wenig über die Götter. Dieses Phänomen trifft auch zu in Beziehung zu Buddha oder Christus. Über beide wissen wir im Grunde nichts. Wir erfahren einiges über ihre Jünger und Priester, die über sie berichten oder in ihrem Namen handeln, wir können auch uns selber in einer Begegnung mit ihnen besser kennenlernen. Aber jedes Missionieren ist zwecklos. Erfahrungen auszutauschen kann sehr fruchtbar und anregend sein, aber einen Menschen bekehren zu wollen, ist arroganter Blödsinn. Jeder von uns hat seinen eigenen Weg zur verschleierten Gestalt und zum Geheimnis der göttlichen Weisheit.

Hyazinth wagt es schliesslich, den Schleier zu lüften – und findet das, was ihm am nächsten war, ehe er schwermütig und depressiv wurde, und was er in weiter Ferne mit „unendlicher Sehnsucht" und „süssester Bangigkeit" sucht: Seine eigene weibliche Seele. Er lüftet den Schleier im Traum. Er kommt durch den Traum nach Hause. Auch Asklepios heilte die Menschen im Heiligtum von Epidauros durch ihre Träume. Die Blumen, die Hyazinth auf seiner Reise trifft, sind der Weg und das vorübergehende Quartier für eine Geisterfamilie. Wir alle sind auf dem Heimweg. Wir erwachen früher oder später aus dem Traum des Lebens. Ich erinnere an die Dramen „Der Traum ein Leben" (Franz Grillparzer) und „Das Leben ein Traum" (ein Gedicht in fünf Akten von Pedro Calderon De La Barca).

Etwas vom Allerschwierigsten für die meisten Menschen ist es, das Bewusstsein dafür zu erlangen, dass alles, was uns in diesem Augenblick umgibt, zutiefst numinos und wunderbar ist. Ich meine wirklich alles. Eine Frau, die nach langer Krankheit zu dieser Erkenntnis kam, nahm jeden Gegenstand in ihrem Zimmer, auch das Handtuch, das neben dem Lavabo hing, als eine zutiefst faszinierende, liebliche und lichtvolle Erscheinung wahr. Das ist kein Wahnsinn. Es ist die Achtsamkeit des Herzens. Es ist ein Zustand der liebreichen Erleuchtung aller Sinne. Was diese Frau in ihrem Zimmer sah, kann jeder Mensch hundertfach verstärkt in der freien Natur sehen und erleben.

Es ist interessant, dass auch im Patriarchat die Göttin, die Shekina oder Sophia, eine wichtige Stellung einnehmen kann. Für Hölderlin wurde sie in seiner Novelle „Hyperion" zu Diotima. Die Gestalt der

Diotima in Platons „Symposion" war eine weise Frau aus Mantineia in Arkadien. Sie ist die einzige weibliche Erscheinung in sämtlichen platonischen Dialogen, die jemals zu Wort kommt, und auch das nur indirekt. Sokrates berichtet, dass ihm Diotima das wahre Wesen von Eros enthüllte. Diotima ist in gewissem Sinne die Urheberin der platonischen Liebe. Im Mittelalter wurde diese Idee neu belebt in den Gerichtshöfen der Liebe, wo Frauen entschieden, dass wahre Liebe nur ohne eine körperliche Verbindung möglich ist. In einem sturen Patriarchat ist das eine schlichte Tatsache. Sobald eine Frau vom Mann besessen wird, gibt sie ihre Macht preis. Sie wird zur leeren Hülle. Zur Puppe. Leider hat auch die Rosenblüte in unserem Märchen anfänglich teilweise die Züge einer toten männlichen Idealgestalt: „Sie sah aus wie Wachs ... wie ein Püppchen ... "

Die rührende Geschichte von Orpheus, der seine Geliebte Eurydike an den Tod verliert und sie im Schattenreich sucht, aber schliesslich ohne sie zurück kommen muss und endlich von den Mänaden zerrissen wird, zeigt uns, wie ein Mann seine weibliche Seele verliert und schlussendlich von den Frauen, die sich mit Gewalt befreien mussten, ebenso gewalttätig umgebracht wird.

Die körperliche Vereinigung in bedingungsloser Liebe ist nur möglich unter gleichberechtigten Partnern, also unter Menschen, die ihre weiblichen und männlichen Eigenschaften voll entfaltet und in ein harmonisches Gleichgewicht gebracht haben.

Wie fast jede Frau meiner Generation habe ich mich sehr oft geärgert über die Unterdrückung von Frauen, politisch, kulturell oder privat. Ein paar Jahre ehe ich in meiner ersten Shakespeare–Produktion Regie führte, sagte mir ein ausgesprochen populärer und erfolgreicher Regisseur, dass eine Frau, die Regie führen möchte, eine Geschmacklosigkeit sei. Dennoch hält sich meine Wut, was das Werk von Platon betrifft, in Grenzen. Vielleicht haben es seine Männer einfach nötig unter sich zu sein, wenn sie reden möchten. Ausserdem haben Frauen, genau wie die Naturgeister, ganz andere Möglichkeiten sich auszutauschen als kluge oder sogar weise Reden. Ja, ich sehe mich als Schriftstellerin, aber ich überschätze das Wort nicht. Das gesprochene und geschriebene Wort hat die ersten Lügen zur Welt gebracht. Es stiftete die grosse Sprachverwirrung. Sprache ist in unserer Gesellschaft überhaupt eher ein Werkzeug für Missverständnisse als für Klarheit und Einsicht. Ganz egal wie vorsichtig ich bin, sobald ich den Mund aufmache und einen Satz formuliere, kann er falsch ausgelegt und missdeutet werden. Also ziehe ich es im Allgemeinen vor mit Engeln, Feen, Zwergen, Licht- und Naturwesen ohne Worte zu kommunizieren. Von Herz zu Herz, anstatt von Hirn zu Hirn.

Ich muss zugeben, dass auch für mich die Gegenwart der Göttin ganz wesentlich ist. Ich begegnete ihr in vielen Gestalten. Hier in Irland schon bei meinem ersten Besuch, ehe ich mich hier niederliess, als Bridget. In Assisi wohnte ich bei den Clarissen, und die heilige Klara wurde mir lieb und teuer. In Assisi habe ich auch zum ersten Mal mit verschiedenen Frauen, jede mit einem anderen religiösen oder spirituellen Hintergrund, die Geheimnisse des Rosenkranzes meditiert. Inzwischen habe ich meine eigene, sehr persönliche Version der freudenreichen und der glorreichen Geheimnisse des Rosenkranzes, und damit beginnt jeden Morgen meine Lichtarbeit, wenn möglich im Freien, unter den Bäumen. Ich nehme die Göttin in der Gestalt Marias sehr intensiv wahr. Ja, ich kann sagen: sie wird von Tag zu Tag mächtiger und präsenter. Man könnte annehmen, dass ein Gebet, das so oft wiederholt wird, allmählich etwas abstumpft und zu einer blossen Gewohnheit wird. Das Gegenteil trifft zu.

Der Name Hyazinth führt zurück in die griechische Sage, wo der Königssohn Hyakinthos von den Göttern Zephyr und Apollon leidenschaftlich begehrt, verfolgt und dabei getötet wurde. Sein Blut verwandelte sich in das Liliengewächs mit dem Namen Hyazinthe. Diese tragische Geschichte inspirierte den elfjährigen Mozart zu seiner ersten Oper. Mozart, der von seinem ehrgeizigen Vater schon im zartesten Alter von einem Fürstenhof zum andern geschleift und zur Schau gestellt wurde, wusste was es heisst, als ein kleines Kind von eifersüchtigen erwachsenen Anbetern und Rivalen bedrängt zu sein. Vielleicht träumte er auch davon zur Blume zu werden und im Stillen ungestört blühen zu dürfen.

Die Rosenblüte ist die heilige Blume der Venus, der Liebesgöttin. Die Apfelgärten auf der Feeninsel Avalon waren die letzte

Zuflucht für die geweihten Priesterinnen der Göttin, ehe England von den grausigen Angeln und Sachen und Skythen und später von den Wikingern und den Normannen überrannt wurde.

Besonders schön ist es, dass der ganze Garten mitsamt dem Wald die Liebesgeschichte von Hyazinth und Rosenblüte miterlebt. Ob wir es wissen oder nicht: Alle Pflanzen sind, soweit wir ihnen genügend Raum geben, im Paradieszustand, und sobald wir unsere Herzen und unsere geistigen Augen öffnen, gehören wir ganz zu ihnen wie die Kinder Hyazinth und Rosenblüte.

Fingerhütchen

Conrad Ferdinand Meyer

Liebe Kinder, wisst ihr,
wo Fingerhut zu Hause?
Tief im Tal von Acherloo
hat er Herd und Klause;
Aber schon in jungen Tagen
musst er einen Höcker tragen;
Geht er, wunderlicher nie
wallte man auf Erden!
Sitzt er, staunen Kinn und Knie,
dass sie Nachbarn werden.

Körbe flicht aus Binsen er,
früh und spät sich regend,
trägt sie zum Verkauf umher
in der ganzen Gegend,
und er gäbe sich zufrieden,
wär' er nicht im Volk gemieden;
denn man zischelt mancherlei;
dass ein Hexenmeister,
dass er kräuterkundig sei
und im Bund der Geister.

Solches ist die Wahrheit nicht,
ist ein leeres Meinen;
doch das Volk im Dämmerlicht
schaudert vor dem Kleinen.
So die Jungen wie die Alten
Weichen aus dem Ungestalten.
Doch vorüber wohlgemut
auf des Schusters Räppchen
trabt er. Blauer Fingerhut
nickt von seinem Käppchen.

Einmal geht er heim bei Nacht
nach des Tages Lasten,
hat den halben Weg gemacht,
darf ein bisschen rasten,
setzt sich und den Korb daneben,
schimmernd hebt der Mond sich eben;
Fingerhut ist gar nicht bang,
ihm ist gar nicht schaurig,
nur dass noch der Weg so lang,
macht den Kleinen traurig.

Etwas hört er klingen fein
nicht mit rechten Dingen,
mitten aus dem grünen Rain
ein melodisch Singen:
„Silberfähre, gleitest leise" –
Schon verstummt die kurze Weise.
Fingerhütchen spähet scharf
und kann nichts entdecken,
aber was er hören darf,
ist nicht zum Erschrecken.

Wieder hebt das Liedchen an
unter Busch und Hecken,
doch es bleibt das Reimgespann
stets im Hügel stecken.
„Silberfähre, gleitest leise" –
Wiederum verstummt die Weise.
Lieblich ist, doch einerlei
der Gesang der Elfen,
Fingerhütchen fällt es bei,
ihnen einzuhelfen.

Fingerhütchen lauert still
auf der Töne Leiter,
wie das Liedchen enden will,
führt er leicht es weiter:
„Silberfähre, gleitest leise" –
„Ohne Ruder, ohne Gleise."

Aus dem Hügel ruft's empor:
„Das ist dir gelungen!"
Unterm Boden kommt hervor
kleines Volk gesprungen.

„Fingerhütchen, Fingerhut!"
lärmt die tolle Runde,
„fass dir einen frischen Mut!
Günstig ist die Stunde!
Silberfähre, gleitest leise
ohne Ruder, ohne Gleise!
Dieses hast du brav gemacht,
lernet es, ihr Sänger!
Wie du es zustand gebracht,
hübscher ist's und länger!

Zeig dich einmal, schöner Mann!
Lass dich einmal sehen!
Vorn zuerst und hinten dann!
Lass dich einmal drehen!
Weh! Was müssen wir erblicken!
Fingerhütchen, - welch ein Rücken!
Auf der Schulter, liebe Zeit,
trägst du grause Bürde!
Ohne hübsche Leiblichkeit
was ist Geistes Würde?

Eine ganze Stirne voll
glücklicher Gedanken,
unter einem Höcker soll
länger nicht sie schwanken!
Strecket euch, verkrümmte Glieder!
Garstger Buckel, purzle nieder!
Fingerhut, nun bist du grad,
deines Fehls genesen!
Heil zum schlanken Rückengrat!
Heil zum neuen Wesen!"

Plötzlich steckt der Elfenchor
wieder tief im Raine,
aus dem Hügelrund empor
tönt's im Mondenscheine:
„Silberfähre, gleitest leise
ohne Ruder, ohne Gleise."
Fingerhütchen wird es satt,
wäre gern daheime,
er entschlummert lass und matt
an dem eignen Reime.

Schlummert eine ganze Nacht
an derselben Stelle;
Wie er endlich auferwacht,
scheint die Sonne helle.
Kühe weiden, Schafe grasen
auf des Elfenhügels Rasen.
Fingerhut ist bald bekannt,
lässt die Blicke schweifen,
sachte dreht er dann die Hand,
hinter sich zu greifen.

Ist ihm Heil im Traum geschehn?
Ist das Heil die Wahrheit?
Wird das Elfenwort bestehn
vor des Tages Klarheit?
Und er tastet, tastet – tastet,
unbebürdet, unbelastet!
„Jetzt bin ich ein grader Mann!"
jauchzt er ohne Ende,
wie ein Hirschlein jagt er dann
Übers Feld behende.

Fingerhut steht plötzlich still,
tastet leicht und leise,
ob er wieder wachsen will?
Nein, in keiner Weise!
Selig preist er Nacht und Stunde,
da er sang im Geisterbunde –

Fingerhütchen wandelt schlank,
gleich als hätt er Flügel,
seit er schlummernd niedersank
nachts am Elfenhügel.

Wer im Frühsommer auf unserer Halbinsel im Westen von Irland Ferien macht, kann es nicht fassen, dass so viele Fingerhüte unsere Landschaft beleben. Sie wachsen an allen Wegen, sie füllen ganze Felder, sie wachsen auch im Schatten, unter den Bäumen, sie stehen nickend und läutend zwischen meinen Rosenbüschen, und niemand pflanzt sie, ausser vielleicht die *Fairies* (Feen, Elfen). Sie sind in den allermeisten Fällen rotviolett, aber ab und zu wächst ein Fingerhut, der stattdessen weisse Glocken trägt. Nichts deutet stärker darauf hin als gerade die Fingerhüte, dass die *Fairies* dicht bei uns wohnen, dass ihr Reich überall beginnt und nirgends endet. Nomen est Omen. In Schottland heissen die Fingerhüte *Fairybells* (Feenglocken), und in vielen irischen Märchen tragen die winzigen Fairies diese wundersamen Glockenblumen als Hüte. Der irische Korbmacher Fingerhütchen ist eigentlich schon zu Beginn des Märchens verwandt mit den Fairies.

Ich habe dieses irische Märchen in der wunderschönen Fassung von Conrad Ferdinand Meyer ausgewählt, weil niemand, auch kein gebürtiger Ire, dieses Märchen besser versteht oder erzählt als er. Conrad Ferdidand Meyers "Höcker", sein buckliger Rücken war die Ursache seiner Schwermut, und er wurde, genau wie Fingerhütchen, von seinem eigenen Reimen, nämlich von seiner dichterischen Tätigkeit, davon erlöst.

Friedrich Schillers "Geisterbund" waren die Götter Griechenlands. Wir erfahren das besonders im zweiten Teil seines Gedichtes "Die Teilung der Erde":

Ganz spät, nachdem die Teilung längst geschehen,
naht der Poet, er kam aus weiter Fern,
ach, da war überall nichts mehr zu sehen,
und alles hatte seinen Herrn!
„Weh mir! So soll denn ich allein von allen
vergessen sein, ich dein getreuster Sohn?"
So liess er laut der Klage Ruf erschallen
Und warf sich hin vor Jovis Thron.

„Wenn du im Land der Träume dich verweilet",
versetzt der Gott, „so hadre nicht mit mir.
Wo warst du denn, als man die Welt geteilet?"
„Ich war", sprach der Poet, „bei dir.

Mein Auge hing an deinem Angesichte,
an deines Himmels Harmonie mein Ohr –
verzeih dem Geiste, der, von deinem Lichte
berauscht, das Irdische verlor!"

„Was tun?" spricht Zeus. „Die Welt ist weggegeben,
der Herbst, die Jagd, der Markt ist nicht mehr mein,
willst du in meinem Himmel mit mir leben –
so oft du kommst, er soll dir offen sein."

Der Dichter, Dramatiker, Philosoph und Historiker Friedrich von Schiller (1759 – 1805) hatte kein einfaches Leben. Er war häufig krank, und obwohl er schon als junger Mann berühmt und gefeiert wurde, musste er lange um seinen Lebensunterhalt kämpfen. Er ist zwar wie Goethe, Wieland und Herder ein Weimarer Klassiker, aber die letzten Jahre seines Lebens in Weimar, in einer nun wirtschaftlich gesicherten Existenz, müssen unerhört qualvoll gewesen sein. Bei seinem Tod war ein Lungenflügel völlig zerstört, der Herzmuskel zurückgebildet, die Nieren fast aufgelöst und Milz und Galle stark vergrössert. Er dichtete bis zuletzt wie besessen, und es ist ihm zu gönnen, dass ihm der Himmel schon zu Lebzeiten offen stand.

Der Ursprung der Erzählung vom Fingerhütchen könnte ohne weiteres eine wahre Geschichte sein. Elfenhügel gibt es in Irland an vielen Orten. Noch vor wenigen Jahren war der Glaube an die *Fairies* hierzulande unerschütterlich, genährt und gestützt durch viele Erfahrungen. In der irischen Version der Geschichte versucht nach der Heilung von Fingerhütchen ein anderer armer Buckliger sein Glück am selben Ort, aber leider hat er kein Musikgehör und ist überhaupt ein grober, unflätiger Charakter. Die *Fairies* werden so wütend über sein Geschrei, dass sie ihn mit einem zweiten

Buckel von dannen weisen. Von neuem illustriert dieses Detail die enorme Wichtigkeit einer positiven und liebevollen Einstellung zum Leben. Wie man in den Wald hineinruft, genauso tönt es zurück. Es ist auch wesentlich, dass wir zuerst einmal hören lernen, ehe wir sprechen oder singen und dichten. Unsere Meditationen und Gebete sollten eigentlich Zwiegespräche sein mit dem göttlichen Selbst, nicht nur Monologe. Ein Musiker ohne ein gutes, geübtes Gehör ist undenkbar. Dabei denke ich auch an die Harmonie des Herzens und an die geistigen Ohren.

Im „Kaufmann von Venedig" lässt Shakespeare Lorenzo ganz am Schluss sagen: „*The man that hath no music in himself, nor is not mov'd with concord of sweet sounds, is fit for treason, stratagems, and spoils; the motions of his spirit are dull as night, and his affections dark as Erebus. Let no such man be trusted.*" (Ein Mensch, der nicht Musik hat in ihm selbst, den nicht die Eintracht süsser Töne rührt, taugt zu Verrat und Tücke. Sein Trachten ist finster wie die Hölle. Trau keinem solchen.)

Musik ist die Sprache der Seele. Sie öffnet dem aufmerksam Lauschenden die Türe von *Tir nan Og*, dem Land der ewigen Jugend, wo die Fairies und die Leuchtenden zu Hause sind.

Quellen

Irische Märchen, herausgegeben von Frederik
Hetmann (Fischer Taschenbuch Verlag, 1974)   Seite 49

Andersen, Hans Christian: Fliedermütterchen   Seite 37

Brentano, Clemens: Das Märchen von dem Mythenfräulein
                                                   Seite 80

Gebrüder Grimm: Das Märchen vom Wachholderbaum   Seite 19

Gurudas: Flower Essences and Vibrational Healing,
(Cassandra Press San Rafale, 1983)   Seite 125

Hölderlin, Friedrich: Da ich ein Knabe war   Seite 17

Jung, Carl Gustav: Antwort an Hiob   Seite 139

Meyer, Conrad Ferdinand: Fingerhütchen   Seite 152

Musäus, Johann Karl Augustus: Libussa   Seite 61

Paquette, Andrew: Dreamer; O-Books 2011   Seite 45

Rabbit, Max: Old Sod's Big Book of New Irish
Comedy   Seite 128

Yeats, William Butler: The Secret Rose   Seite 5

Schiller, Friedrich: Die Jungfrau von Orleans   Seite 32

Schiller, Friedrich: Die Teilung der Erde   Seite 157

Storm, Theodor: Hinzelmeier und Rosenjungfrau   Seite 98

Zur Person der Autorin

Geboren und aufgewachsen in der Schweiz.

Ausbildung und Diplome in Musik und Drama, Praxis in beiden Berufen.

Fünf Jahre Ausbildung in Lichtarbeit am Dolphin Star Temple (Mount Shasta, Kalifornien), sowie the School of the Servants of Light (England) und ein Jahr Ausbildung in Animal Spirit Medicine (Animal Healing Practitioner Training) im Sacred Trust, England.

Elisabeth Noel lebt im Südwesten von Irland.

Kurs-Angebot

Elisabeth Noel führt regelmässig Märchenworkshops durch, jeweils in der ersten Woche im Juni, Juli und August jedes Jahres. Kursort ist Bantry, West Cork, Irland.

Kontakt: arduta@gmail.com

Elisabeth Noel

Die weisse Katze

Märchen und Heilung
in der
Tier Geist Medizin

Ebenfalls von Elisabeth Noel:

Die weisse Katze

Märchen und Heilung in der Tier Geist Medizin

Jeder Mensch hat einen einzigartigen Zugang zum Königreich der Tiere. Eine solche Türe, die nur für einen bestimmten Menschen existiert, schliesst sich für immer bei seinem Tod, wenn es ihm nicht gelingt diese zu finden und zu öffnen – wie es Franz Kafka in seinem „Prozess" und in der Kurzgeschichte „Vor dem Gesetz" sehr eindringlich schildert.

DIE WEISSE KATZE zeigt nicht nur einen individuellen Zugang zur Tierwelt, es fordert uns auch auf unsere eigenen Grenzen zu überschreiten und zu begreifen, dass wir zwar eine menschliche Erfahrung machen, aber keineswegs in letzter Konsequenz Menschen sind oder sein müssen.

Tiermärchen aus verschiedenen Ländern der Erde helfen uns dabei uns selber und unsere treuesten Gefährten, die Tiere, neu zu entdecken. Wenn wir es wagen in die Abgründe der Schöpfung zu blicken und entscheidende Fragen zu stellen, zeigen sich ungeahnte Perspektiven zur Heilung und Ganzwerdung der Erde und all ihrer Bewohner.

erschienen 2013 bei Books on Demand

ISBN: 978-3-7322-4951-0

Der Fotograf

Der Partner von Elisabeth Noel, der Maler, Bildhauer und Architekt Thomas Kay, benützt das Holz von Bäumen, die der Sturm gefällt hat, und macht wunderschöne Skulpturen daraus. Dieser Kronsitz aus der Krone einer hundertfünfzigjährigen Buche steht jetzt in der Cafeteria des Bantry Houses, dem ehemaligen Wohnsitz der Earls von Bantry. Der prachtvolle Park mit vielen uralten Bäumen rund um das Bantry House ist im Sommer offen für Besucher.

thomas@kayartdesign.com   www.kayartdesign.com